矜持《きょうじ》

すべてはラグビーのために

吉田義人

集英社

矜持《きょうじ》

すべてはラグビーのために

目次

第一章　ラグビーとの出会い

一九六九年、私は秋田県男鹿《おが》市に生まれた。そこは男鹿半島の南側にあたり、風光明媚な寒風山《かんぷうざん》の麓だ。

祖父は吉田喜衛門《きえもん》という人で、地元の男たちが北海道の建設現場へ出稼ぎに行くのをとりまとめ、現場で指揮する親方のような仕事をしていたらしい。親分肌で人望が厚く、揉め事や相談事が持ち上がれば、「喜衛門に訊け」といわれるほどの存在だったそうだ。私が生まれた時にはすでに他界していたので会ったことはないが、幼い頃はよく母にこう言われたのを憶えている。

「外で困ったら、喜衛門の孫だと言いなさい。そうすれば大丈夫だから」

祖父はそれほどに顔が広く、誰からも慕われていたようだった。

一方、その長男である父はとても破天荒な男で、祖父の跡を継ぐべく共に働いていたらしいが、祖父が他界してから様子は変わったそうだ。義理に篤く喧嘩が強いとあってトラブルにはまり込む。そして家庭より義理が大事で、私が幼い頃はほとんど家にいなかった。だから私は、父とはそういうものだと思っていた。

そしてその父は、たまに帰って来ると、不在の埋め合わせをするかのように思い切り派手に家族サービスをするのだった。家族全員が一番いい服を着て、地元では見たこともないようなドでかいアメ車に乗り込み、秋田市内のデパートに行く。最上階のレストランで、私は決まってお子様ランチ、パフェとクリームソーダを食べさせてもらった。当時の写真を見返すと、ぴちぴちの半ズボンにハイソックス、黒い革靴姿の私は、まるでお坊ちゃんだ。しかし、父が家にいない理由も、父が家に一切のお金を入れない男だということも、私は知らなかった。

母は、そんな父とは真反対の性格で、質素で遠慮深く、とても優しかった。「喜衛門が築いた吉田家」にふさわしい嫁であるべく、気性の荒い姑にはきつく当たられながら、ガソリンスタンドの事務員として働いて家族を支えてくれた。私と姉と弟、そして妹は、ほとんど母親に育てられたようなものだ。なかでも長男の私は、辛抱強かったので、よく母親似だと言われた。

でも、勝負どころ、土壇場になると、負けん気の強さがぐぐっと出てくる。これは父の血かもしれない。小さい頃からとにかく外で

二歳の頃。ほとんど泣かない子供だったらしい。

遊ぶのが大好きな子供で、相撲はよくやっていたし、野球も好き、サッカーも好き。そしていざとなれば喧嘩も強かった。正義感だけは人一倍。自分から喧嘩を売ったことはないが、弱い者いじめをしているやつを見ると、絶対に許せなかった。だからか、気がつけば近所の子供たちを束ねるような恰好になっていた。

毎日学校が終わると、みんながうちに集まって来る。

「今日は何して遊ぶ？」

意見を聞くのはいつも私だ。

「海行こう！」、「サッカーやろう！」、「今日は野球！」、「スキーをしよう」。みんなが口々に言う。たいていの場合、最終的に意見は一致するのだが、たまに意見が割れることがある。そういう時、多数決という方法もあっただろうが、私は絶対に多数決はしなかった。多数決は一見公平なようで、それで負けた側の気持ちは黙殺される。しかたなく従う者がいて、楽しいはずはない。

だから私は、みんなの意見を注意深く聞いた。そうすれば、誰の意見が一番熱がこもっているのかがわかる。「今日は絶対これなんだ」という想いの強い子は必ずいるもので、その子の意見に対して、もう一度みんなにたずねてみる。「シンエイは、相当サッカーやりたいみたいだけど、みんなどう？」と。するとみんな、自分の想いとシンエイの熱量の差を自然に感じるもので、違った意見の子も納得するようになる。みんなが納得してやるから、みんなが楽しい。

多数決はせず、ガキ大将の私が独断で決めるようなこともしなかった。考えて行動していたわけではないが、自然にそういうことになっていて、やがてみんなから頼られているのを感じていた。これは、祖父の血なのかもしれない。


ラグビーを始めたのは九歳のときだった。

男鹿半島は、日本のウェールズと呼ばれるほどラグビーの盛んな地域だ。そして、私が生まれ育った男鹿市脇本には、少年野球チームもサッカースクールもないのに、「脇本おいばなラグビースポーツ少年団」というラグビースクールがあった。

ある年の冬、いつものように家に集まって何をしようかと話しているところに、仲間のジュンペイが見慣れぬ楕円のボールを抱えて現れた。

「よっちゃん、今日はこれやろう」

聞けば、ジュンペイは「脇本おいばなラグビースポーツ少年団」に入団したばかりで、そのラグビーとやらは、ボールを持って走り、パスを回し、ときには相手と取っ組み合うスポーツだと理解した。冬ならスキー、と相場は決まっていたが、ジュンペイの話にそそられた私たちはスキーを諦め、一面雪に覆われた田んぼに繰り出した。

一ヘクタールくらいの広さの田んぼは、今思えばちょうどジュニアのラグビー場くらいの大きさ。ジュンペイに教わりながら、見よう見真似で走り回った。野球やサッカーなどの球技が得意で足が速かった私だが、さらに相撲の要素までラグビーにはあると知り、たちまち夢中になった。

ボールを抱えて走り、相手を抜き去る。誰かが飛びついてくるぎりぎりまで待って味方にパスを出す。そしてボールを持った相手をつかまえる。どの瞬間も、自分にぴったりの競技だとたちまちのうちに感じていた。気がつけば、ボールが見えないほど、あたりは暗くなっていた。

その日、家に帰ってすぐに母に願い出た。

「お母さん、おれ、ラグビーやりたい！」

その時の母の驚いたような顔は、今も憶えている。ラグビーをやろうとしていたことに驚いたのではなく、私の顔に驚いたのだった。私は鼻血を流し、その血が顔じゅうに付いて凍り、顔も服も血だらけだったらしい。冬の寒い日の事、顔の感覚がなくなっていた。

その日から、わたしのラグビー人生がはじまった。

練習は週末の朝七時からで、練習場までは二キロの距離を歩くため、六時には家を出た。真っ暗な冬の朝、雪の中を行くのは辛かったが、ラグビーは楽しかった。楽しくてたまらなかった。

ただほんとうの意味でのラグビーのおもしろさを知っていたわけではない。なにせ九歳の子供なのだから。でも練習が楽しくて夢中になった。その大きな原因は、佐藤コーチだった。若くて指導熱心な佐藤コーチは、常に褒めてくれた。教わった通りにうまくできても、そうでなくても笑顔で褒めてくれるコーチだった。子供を叱ることは一度もなく、誰もがコーチに褒められたくて練習をしていたように思う。

私がその後ずっと、ラグビーを嫌いにならなかったのは、佐藤コーチとの出会いがすべてだった思う。ラグビーは楽しいものだということを、最初に教えてもらったのだから。

一九八一年四月、男鹿東中学校に入学する。私が選んだ部活動は野球だった。当時、男鹿東中学校にはラグビー部がなく、そのことは小学生の頃からわかっていたので、中学校に入ったら野球部だと決めていた。やがて高校に入っても野球部に入り、甲子園を目指し、プロ野球選手になりたいと夢を抱いたのだ。

野球好きは父の影響で、今思えば、父に褒めてもらいたかったのかもしれない。野球で活躍すれば、父は喜んでくれるはずだと。

新入生は、冬と夏の練習用のユニフォーム一式をそろえてくるのだが、私の家にはすべてをそろえる余裕はなかった。ベルトは学生服に使っていた布のもので代用し、アンダーシャツも長袖一枚きりだった。秋田の春先はまだ寒さも残り、全員が長袖のアンダーシャツなのだが、やがて暖かくなり汗をびっしょりかくような季節になると、長袖を着ているのは私一人になった。そのせいか、脱水症状をおこして倒れたこともあった。

母には申し訳ないが、この時期は教室で弁当を開くのが本当に嫌だった。野球部の友達はみんな、大きめのタッパーウエアにご飯もおかずもたっぷり入った――ハンバーグやエビフライは本当にうらやましかった――弁当だったが、私のはアルミの弁当箱に、いつも前日の残りものだった。山盛りのご飯は鞄の中で揺られて偏り、半分くらいになっていた。煮物の汁は染みだして弁当箱を包んでいるハンカチだけでなく、教科書も野球のアンダーシャツも濡らしていた。煮魚などが入っていると、そのにおいに気付かれないよう、みんなに背を向けて食べていた。「うちにはお金がないんだ」。初めてそのことを認識したが、自分の弁当のために、母が前日の夕飯のおかずを控えたかもしれない、というところまでは思い至らなかった。

野球部では、入部直後から目立つ存在だった。身体は大きくはなかったが、足が速く、とにかく肩が強かった。打撃も上級生にひけをとらないほどで、すぐに外野のレギュラー争いに加わっていた。練習は厳しかったが、私にはどうというほどでもなかった。人一倍声を出し、グランドを駆けまわっていた。

夏の近いある日、練習が終わったところで、一人の三年生に呼ばれた。

「吉田、遠投につきあえ」

私はグローブを手に、外野に走った。最初は二〇メートル。やがて、三〇メートル、四〇メートル。肩に自身のある私は、どれだけ投げても平気で、自分のためにもいい練習になると思っていた。この遠投は、日が暮れてボールが見えなくなるまで終わらなかった。

この練習後の遠投は何日も続き、しだいに肘に痛みを覚えるようになった。そしてある日、肘が完全に曲がらなくなった。拾ったボールをトスしようとしただけで激痛が走った。母に言えば病院に連れていかれるだろうし、そうなればお金がいる。だから母には黙っていた。

放課後のグランドで、練習用のユニフォームに着替え、右肘をかばいながら球ひろいをした。早く治して練習に加わりたいと思いながら、でもこの肘がちゃんと治るのかという不安な気持ちを抱えながら。

私の右肘はなかなか回復せず、夏の盛りになっても練習ができる状態にはならなかった。それでもユニフォーム姿でバックネット裏に立ち、みんなの練習をながめているところに、一人の同級生が近づいてきた。小学校時代のラグビー仲間だった。

「肘、壊したんだって?」

「うん」

「野球は無理なんだろ?」

「いや、もうじき治る」

「野球よりラグビーやらないか」

「ラグビー？」

「そう。だいたい、なんでお前が野球なんかやってるんだよ」

「だって、ラグビー部なんかないし」

すると彼はこう言った。

「俺たち、ラグビー部つくったから。もう一回、一緒にラグビーやろうぜ」

私は耳を疑った。ラグビー部をつくった？　この学校に？

彼と、数人の小学生からのラグビー仲間で先生にお願いし、新たに男鹿東中学校ラグビー部ができていたのだった。

野球に未練がないではなかったが、肘の不安は消えないままだった。元々ラグビーは楽しかったし、だから迷うことはなかった。中学一年生の夏の終わり、私は野球部からラグビー部に移った。

しかし、新設のラグビー部に学校のグランドを使う権利は発生しなかった。グランドは、サッカー部、陸上部などに占拠され、ラグビー部の入る余地はなかったのだ。結局新設ラグビー部は、学校から離れた「脇本おいばなラグビースポーツ少年団」のグランドを使わせてもらうことになった。部員は一〇人。大半が小学校からのラグビー仲間だった。

一〇人ではポジションも決められず、ゲームを想定した練習もなかなかできなかったが、それでも久々に全身を動かし、ボールを追いかける日々は楽しかった。

ある日、練習中に腰に激痛が走る。二年生の冬の終わり、三月だった。足を上げることもできず、歩くこともままならない。さすがに母に内緒にはできなかった。整形外科に行くと、椎間板ヘルニアと診断された。それがどういうものなのか、はっきりとはわからなかったが、治療の注射には怯えた。予防接種用の注射器の五倍もあろうかと思われる太い注射を腰の左右に二本。その液体がゆっくりと体内に入れられるあいだの痛みは、生まれて初めて経験するもので、それが治療だとわかってはいても病院に行きたくなかった。

三度目の通院で、その恐怖の注射のあと、先生に訊いた。

「どうしても、この注射を打たなきゃだめなんですか？」

そうしたら、こう言われた。

「君の身体は、とくに腰がかたいんだ。注射は応急的なものだけど、とにかく身体を柔らかくしないと治らないよ。長座をして、自分の力で膝小僧におでこがぴたっとつくぐらい体が柔らかくなったら、きっと良くなるし、再発も防げるかもしれない」

翌日から、ひたすら柔軟運動をくり返す毎日が始まった。言われたことはきちんと守る、素直な少年だった。朝、学校に着くなり、友達に「背中を押してくれ」と前屈を一〇回。休み時間の度に、同様に一〇回。部活の見学の最中にも、手の空いた仲間に頼んで背中を押してもらった。もちろん痛くはあるが、あの注射を思えば何ともない。こうして毎日前屈運動を続けていると、次第に腰の痛みも薄れていった。

初夏の六月。父と初めて旅をしたのがこの頃だった。山形県にすぐれた整体の先生がいると父が聞きつけ、そこを紹介してもらったのだった。初めて特急電車に乗り、父と二人で山形県まで行った。なんだか妙な気分だった。普段ほとんど家にいなかった父と一泊二日の二人旅。その時の父と何をしゃべったかは何も憶えていない。たぶん、ほとんど何もしゃべらなかったのかもしれない。ただ、めったに顔を合わせない父が、私の腰を気遣ってくれたということを知って、嬉しかった。憶えているのは、山形でも整体の先生でもなく、治療のあとに食べさせてもらった米沢牛だ。あの米沢牛のステーキがあまりに美味しくて、他のことはすっかり忘れてしまったのかもしれない。

山形の整体師がよかったのか、前屈運動が効いてきたのか、椎間板ヘルニアと診断されておよそ三か月後に運動ができるようになった。待ちに待ったラグビー部への復帰だった。

久しぶりのグランドに立った私だったが、そのはやる気持ちとは裏腹に身体が動かない。足も思うように前に出ない。ダッシュで負けたことのない同級生に抜かれてしまう。これは本当にショックだった。

考えてみれば当たり前のことだが、この三か月、仲間は毎日練習を続けている一方、私はひたすら柔軟運動をしていたのであって、彼らは成長し、一方の私は体力も筋力も落としていたのだった。

ラグビー部の練習後は、ほぼ毎日、みんなでグランド近くの駄菓子屋に立ち寄り、カップラーメンやジュースを買ってわいわいやっていた。テレビの話、マンガの話、女の子の話。それまではその輪に加わっているのが当然だと思っていたが、このときから私は一切それをやめた。付き合いが悪いと思われることを気にしなくもなかったが、それよりラグビーだった。みんなと普通に練習ができるくらいまで体力をつけなければ、自分のラグビーはできないと思った。

練習が終わるとまっすぐ家に帰り、学生服から再びジャージに着替えて村を走った。私の家のある集落は、裏手が山で、表側は田んぼばかりだった。その田んぼを縫うように、夕暮れの農道を走った。

当時の秋田の田舎には、街灯というものがほとんどなく、日が暮れてしまうとあたりは真っ暗になり、どこが道でどこが田んぼかわからなくなる。そんなときには四歳下の弟に自転車で伴走させ、道を照らしてもらいながら走った。

柔軟運動といい、ランニングといい、一旦決めたら絶対にやめない、ストイックにも見える私の性格は、この頃から現れていたように思う。ただそれはストイックなのではなく、見える目標に早くたどり着きたくてそうしてしまうのだ。あの痛くてたまらない注射から逃れ、全力で運動ができるようになるなら、もう大丈夫と言われるまで柔軟運動をやめない。誰より速くグランドを走れるなら、ランニングをやめない。そして、その間のさまざまな誘惑を遠ざけることができたのは、母が与えてくれた質素な暮らしの中で培われた、我慢強さがあったからだと思う。

家のある集落から北に少し行くと、寒風山道路というのがある。男鹿半島の付け根の中央にある、標高三五五メートルの寒風山に通じる道だ。寒風山の山頂には展望台があり、眼下には田園風景の向こうに日本海が広がる。午後に練習のない日曜日、私はこの寒風山山頂までの道を走ることにした。頂上までの道はだらだら坂と急勾配が交互にあって、けっこうきついトレーニングだったが、展望台にたどり着き、日本海の風にさらされたときの爽快感は、私を虜にした。試しに登った寒風山だったが、そんなわけで、これが毎週の楽しみになる。

寒風山は男鹿国定公園の中にあり、その眺望を求めてときおり観光客もやってくる。晴れた日曜日にはその数も多く、私が走っていると、何台もの車に抜かれる。単調なランニングに飽きそうになっていたある日、私はふと思いついた。そしてすぐに実行する。

中学生の私に車のことがわかるはずはなかったが、いま思えば、寒風山道路を登ってくる車は、なだらかな場所ではギアはサードで、勾配にさしかかるとセカンドに変えるのだった。つまり勾配になると私でも追いつけそうな速度になるのだ。そこで私は、勾配の手前で車の気配を感じるとジョギングから徐々にスピードを上げ、勾配になって私を抜いたその車にくらいつく。その速度が、私が全力で坂道を駆けあがる速度とほぼ同じなのだ。

勾配で速度の落ちた車のうしろにぴったりとついて走る。しばらくするとルームミラー越しに運転手と目が合う。運転手は決まってギョッとした顔になり、アクセルをさらに踏む。大きなエンジン音を出し、マフラーから煙を上げて去っていく。運転手にしてみれば、さぞ驚いたことと思う。ふと後続車を確かめようとルームミラーを見れば、そこに必死の形相で追いかけてくるスポーツ刈りの男が映っているのだから。

なだらかな坂と急勾配が交互に続く寒風山道路。頂上からは男鹿半島が360度望める。

これが面白く、登ってくる獲物を見つけては、直後を追いかけた。

面白がってやっていたこのトレーニングだが、非常に効率のいい練習だったことに後々気づく。坂道で、ジョギングとダッシュを繰り返す、インターバルトレーニングになっていたのだから。

寒風山でのトレーニングの成果は、その後の三年生の秋、運動会で目に見えるかたちとなって現れた。一〇〇メートル走で校内一位。しかもダントツの速さで、その時の記録は、一一秒台後半だったと思う。

続く男鹿市の陸上大会にも陸上部の助っ人として借り出され、一〇〇メートル走、二〇〇メートル走、四〇〇メートルリレー、そして走り幅跳びで優勝する。そしてこの時、私は悟る。努力は必ず結果につながる、ということを。人より速くなりたければ、人より強くなりたければ、ただ人より多く練習すればいいのだと。

これがきっかけで、以後の私は、努力を惜しむことがなくなった。というより、目標さえあれば、そこに向かう練習は苦にならなくなった。結果をイメージすれば、そこに到達するために何が不足しているのかがわかる。それを補うための練習なのだから、きつい練習にも耐えられるはずなのだ。

寒風山のトレーニングは、高校生になってからも続けた。明治大学に進み、社会人になっても、帰省すれば必ず寒風山を走った。その後、地元のラグビーをする中高生もそこを走るようになり、寒風山道路は「吉田ロード」とも呼ばれていると聞く。

男鹿東中ラグビー部は部員の数も増え、試合でも結果を残せるようになっていた。当時、秋田県内では船川中学校（一九九二年に椿中学校と統合し、現在は男鹿市立男鹿南中学校）が強く、県大会優勝の常連校だった。ところが、私が三年生時の秋田県大会で、創部三年目の男鹿東中が、その船川中を決勝で破り、初優勝する。その快挙についてきたのが、お正月に東京の秩父宮ラグビー場で開催される、第三回東日本中学校大会への出場だった。

私のポジションは、二年生からウイングになっていた。ウイングとはゴールに向かってほぼ最後列の外側に位置し、基本的に最後にボールをもらって得点に結びつける役であり、俊足という武器を最大限に生かせるところだ。

小学生でラグビーを始めた頃のポジションはフォワードで、真ん中でスクラムを組む、どちらかといえばスピードよりパワーが重視されるところだ。身体は大きくはなかったが、接触を怖がらず、どんな大きな相手にも飛びついていく姿勢が買われ、小学校時代からフォワードの要であるロックというポジションをまかされていた。そして高学年になってからは、機動力を見込まれ、フランカーというポジションになっていた。

この時期から現役時代を通して、トライゲッターであるウイングというポジションにこだわった私だが、私のラグビーの原点は、フォワードだ。

ラグビーは一五人で行うスポーツで、球技では珍しく生身での接触が許されている。ボールを持っていればディフェンスに体当たりしてもかまわないし、ボールを持っている敵の選手をタックルして倒すこともできる。つまり、ゴールによる得点を競う球技の中に格闘技の要素が含まれている。そしてボールは前にはパスをすることができないから、ボールを持った人間がチームの先頭に立つことになる。その人間は、一人でも多くの敵をけちらし、一人でも多くの敵を引きつけて味方にボールをつなぐ。だから、どんな敵が前にいようと、当たっていくことを恐れてはラグビーは始まらない。ラグビーは勇気が試される競技であり、そこが私を魅了したのだった。

相手を一気に抜き去ってトライを決めるような、目立つことの多いウイングというポジションだが、そのたびに私は思う。ボールを持ったフォワードが突進しながら敵のディフェンスラインを崩し、そこからつないでくれたからこそのウイングの得点だったと。私がトライして得点をあげたとき、真っ先にフォワード陣に声をかけにいくのは、彼らへの尊敬と感謝があるからだ。

秩父宮ラグビー場は、大阪の花園ラグビー場とともに、ラグビー少年の憧れであり、日本ラグビーの聖地だ。第三回東日本中学校大会。初めての東京だったが、東京のことは何も憶えていない。記憶にあるのは、秩父宮の気圧《けお》されそうな緊張感だけだ。

当時、東日本中学生大会に出場していたのは四チームだけで、二試合に勝てば優勝だった。

なかでも強豪チームは茨城県代表の茗渓学園中学校で、第一回も第二回も大会を制し、三連覇は確実といわれていたらしい。一回戦、山梨県代表の山梨南中学校に勝利した私たちは、慶應義塾中等部に勝った茗渓学園中学校と決勝戦を戦う。そして接戦の末、なんとこの強豪茗渓学園中学校にも10対8で勝ってしまうのだった。創部三年目にして東日本大会での優勝。夢の中の出来事のようで、信じられなかった。

そしてこの日、秩父宮のスタンドで決勝戦を観戦していたのが、当時、明治大学のヘッ

初めての秩父宮ラグビー場。じゅうたんのような芝、大きなスタンドに驚いた。

ドコーチだった斎藤寮氏。北島忠治監督の参謀であった斎藤氏が私のプレーを観て、「秋田県の中学生にすごいウイングがいる」と北島監督に伝えたことを、ずっと後になって知ることになる。

私にとって進む道は、もう秋田工業高校しかなかった。その時点で全国大会出場四四回、優勝一三回、地元が誇るラグビー名門校だ。花園に行き、全国大会で日本一になりたい。目標はひとつだった。

一九八四年四月。私は秋田県立秋田工業高等学校に入学する。秋田工業は、秋田駅のおよそ一キロ北の奥羽本線沿いにあり、自宅からは一時間の電車通学だった。

男鹿東中ラグビー部が東日本大会で優勝したことによって、私の存在は秋田工業ラグビー部の中野直監督の知るところとなり、期待を持って迎えられた。秋田県中から「花園」を目指してラグビー少年が集まる学校だけあって、部員の数も想像以上だった。

入学したばかりの一年生は、上級生の練習に付いていけるようになるまで、ひたすらランニングと基礎トレーニングが課される。それに加えて、練習前後の雑用がある。用具の出し入れ、グランドの整備、ボールみがき、風呂当番。もちろんそういう厳しい規律のもとに名門ラグビー部が成り立っていることはわかっていたし、覚悟もしていた。

ところが入部初日、中野監督に呼ばれた。

「吉田、おまえはこっちだ」

こっちとは、レギュラー組のことだった。正直、驚いた。そして戸惑った。これだけ選手層の厚いラグビー部では、レギュラーは概《おおむ》ね三年生のものだ。一年生がそこに交ざるなど異例中の異例。いくら中学時代に目立った存在であろうと、私がそこに入るなどあり得ないと思っていた。

しかし監督の言葉は絶対であり、黙って従うしかなかった。

じっさいレギュラー組は大半が三年生で、しかも全国大会の優勝を目指すだけあって、練習の中身も中学時代とは雲泥の差だった。

しかし、ハードな練習をこなせるほどに体力が着いてくると、グランド内では学年を意識しないようになっていった。そしてこの名門ラグビー部のレギュラーウイングとして十分にやれる手ごたえを感じていた。

その一方で、高校一年生の私には抱えきれない問題が生じていた。ときが経つほどに、同時に入部した仲間たちとの関係は、大きく変化していた。彼らは相変わらず体力トレーニングと基礎練習に明け暮れ、レギュラー組に抜擢された私とは、練習時間も違っていた。練習前の雑用は私だけ途中で免除され、レギュラー組の練習に参加しなければならない。練習後や試合の日も同様に、私はレギュラー組と行動をともにする。同学年の彼らとは、知らないうちに大きな壁ができていた。

それは二年生も同じだった。ようやく下級生ができて、いよいよ三年生とともにレギュラー争いが始まろうかというところへ、それを飛び越えて一年生がレギュラー組にいるのだから。ましてバックスの選手は三年生になっても、はなからポジションが一つないのだから、理不尽に思ったにちがいない。あからさまに無視されることもあった。

この精神的な苦痛は、誰に言えるものでもなかったが、一五歳の私には対処の方法もわからず、まったく抱えきれなくなっていた。日々悩みながらたどり着いたのは、やはりラグビーだった。グランドで、練習に打ち込んでいれば、そんなことを忘れることができた。

無我夢中でラグビーに取り組んだ。このチームで自分が期待されているプレーを必死で考え、それを実践に移すためにひたすら練習をした。誰が妬《ねた》もうと、誰が疎《うと》もうと、プレーだけは文句を言わせまいと思った。

花園への県予選は順当に勝ち上がり、決勝戦も制したが、これはあくまでも過程であり、目標は全国制覇だった。秋田工業、八年連続四五回目の花園。

第六四回全国高等学校ラグビーフットボール大会は、一二月二七日から近鉄花園ラグビー場で始まった。私に与えられた背番号は11、左のウイングだった。レギュラー一五人のうち二年生が三人で一年生は私だけだったが、ここまでくるともう学年は関係なかった。先輩であろうが後輩であろうが、グランドではチームの一人にすぎない。味方がボールを持てば「俺に回せ！」と心で叫んだ。そしてみんながつないでくれたボールは、どんなことがあっても敵には渡さないつもりで走った。

準々決勝まではスコアで差をつけて勝ち上がったが、準決勝の熊谷工業高校（埼玉県代表）戦は、接戦の末14対10で競り勝った。そして一月七日、相模台工業高校（神奈川県代表）との決勝戦。前半は6対4のロースコアで秋田工業がリードしていたが、どちらに形勢が傾いてもおかしくない状況だった。ワンプレーごとに、誰からともなく声がかかる。「大丈夫だ！」、「いけるぞ！」。疲労が見え始めたフォワードだったが、前半のリードは彼らの踏ん張りによるものだった。それを守りきり、少しでも彼らの負担を減らすのが自分の役目だ

高校一年生での花園大会。先輩たちに迷惑をかけないようにと、とにかく必死だった。

と思い、そのためだけに走りきった。トライはならなかったが、チームは三点を追加し、9対4で試合終了の笛を聞いた。

秋田工業、一六年ぶり一四回目の全国制覇！　チームの喜びと興奮は、花園で爆発した。


全国大会が終わると三年生は引退し、三月の卒業を迎える。高校一年生の時間の大半を彼らとともに練習し、試合でも信頼し信頼された私は、彼らに「出来のいい弟」のようにかわいがってもらった。そして彼らが抜けた後の私の立場を心配してくれる先輩もいた。しかし彼らはグランドを去り、高校も去っていく。

三年生引退後のラグビー部の新体制。三年生の庇護下にあった私――そう見えた部員が多かったようだ――は、ラグビー部での居場所をなくしていた。と同時に、目標を失っていた。ラグビーにおいては何もかもがうまくいった一年間だったが、次に何を目指していいのかわからなくなっていた。

二年生と一年生だけの練習場。目標は「全国大会連覇」だったが、そこへ一丸となって向かうチームの輪に、私はいなかった。

自分で天狗になっていたという意識はない。しかし一年生レギュラーで全国大会優勝のメンバーに名を連ねていたのだから、そう見られていたとしても仕方がないと思う。

新学期が始まっても、私の気持ちはラグビーに向かわなかった。何かと理由をつけては、保健室にこもって練習が終わる時間を待った。

ある日のこと、普段通りに通学電車に乗った私だったが、気がつくと秋田駅のホームの待合室にいた。秋田駅七番線は青森や函館へと向かう特急列車が発着するホームで、そこにあった雪よけの待合室に、じっと座っていた。学校に行きたくなかった。生まれて初めて、ラグビーから離れたいと思った。

いつまでもそこにいるわけにはいかず——学校に通報されてはまずいので——、街に出て寒さをしのげる映画館に入った。なけなしの小遣いをはたいて当日券を買い、午後中ずっと同じ映画を何度も観た。いや、映画は観ていない。暗い映画館の客席に、ただ座っていた。

経験のある人ならわかると思うが、一度学校をサボると二日目はもっと行きにくくなる。先生や監督にどう説明していいか、というより、自分にさえ説明がつかないからそうしているのだが、二日目あたりには罪悪感が募る。しかし日を追うごとにその罪悪感は薄れていく。それと同時にお金も行き場所もなくなっていく。秋田の街を歩いていた私は、同じクラスの友達に会う。事情は話さなかったが、彼の家に行かせてもらい、ラグビー部の練習が終わる時間まで彼の部屋にいさせてもらった。

昼は駅や公園で過ごし、午後からはその友達の部屋にこもらせてもらった。ふと何かを考えようとすると、母とラグビーのことばかりで、それを振り払うように友達の部屋にあった雑誌や漫画を読みあさっていた。するとある日、玄関から聞き覚えのある声が聞こえた。その声の主は、クラス担任の中村先生だった。

あまりに突然のことで、頭には逃げることしか思い浮かばなかった。部屋に入ってきた中村先生と入れ違いに私は駆け出し、雪の降る表に出た。振り向けば、私の名前を叫びながら中村先生が追いかけてくる。足には自信のあった私だ。全力で駆ければ、その差はたちまち広がる。しかし、ちょっと速度を緩めると、中村先生はすぐそこまで来ていた。さらにダッシュして逃げるが、息を切らしてスピードが落ちてくると、また中村先生はすぐ背後にせまっていた。どれだけ走ったことだろう。ついに私は捕まることになる。あとで聞いたのだが、若い中村先生は学生時代は陸上部で、長距離の選手だったのだ。逃げ切れるわけがない。

連れて行かれたのは、中村先生の自宅だった。そこにやがて母が来る。母の顔をまともに見られず、うつむいていた。本当に申し訳ないと思った。

ただ、自分の置かれた状況や自分の気持ちをどう話していいかわからなかったし、それができたとしても、さらに母を心配させることになると考えていた。母の心配事は私だけではなかったから。

この頃、母は夕方までガソリンスタンドで事務員として勤め、夜は地元の駅前に小さな店を借りて焼き鳥屋を開業していた。姉は高校を卒業して札幌に就職し、弟は中学生だった。そんな家に、ほとんど不在だった父が帰ってくる。またすぐにいなくなるのだろうと思っていると、ずっと家にいる。これは我が家にとっての一大変化だった。その父は働きに出るでもなく、ただ家にいた。新聞を読んでテレビを見て。そして時折り、母の店の仕込みを手伝っていた。父の性格は相変わらずで、短気で、家庭内の何事も自分の思うとおりにならないと気が済まなかった。

私が学校に行っていなかったことや、ラグビー部の練習にも出ていなかったことが、そんな父に知れたら、どうなるかはわかっていた。というより、わかっていたのは想像の範囲内で、想像を超えたところでは、どうなるかはわからなかった。

母にはそれがわかっていて、なぜか中村先生も知っていた。

「義人君は、しばらくここで預かりましょう。ラグビー部の早朝練習がしばらくあって、それには電車通学では間に合わない、とかいうことにして」

母が帰ったあと、中村先生の自宅で、先生は辛抱強く私の口が開くのを待ってくれた。私も少しずつ気持ちがほぐれ、悩みを打ち明ける。中村先生は誰を責めることもなく、ただ笑顔で頷いていた。

「で、義人、どうすればいいだろうね。どうしたい?」

その先生の問いに、ずっと頭の隅にあって離れなかった言葉がついに出る。

「姉ちゃんに会いたい……」

吉田家の長男ということもあり、父にはことさら厳しくされた私だったが、そんな私を姉はいつもかばってくれた。だから私は幼い頃から姉に甘え、慕ってきた。姉になら、すべてを話せるような気がした。いま姉に会うことができたら……。しかし、咄嗟に現実に気づいて自分の言葉を否定した。

「いや、でも、いいんです」

母の店は、少しずつ客が増えているという話だったが、うちが貧しいのに変わりはなかった。札幌まで行くお金なんか、どこにもなかった。甘いことを考えた自分を後悔した。

その翌日だったと思う。部活は休んでいたが授業には出ていた私は、保健室に呼ばれた。そこには、佐藤エイ先生と中村先生がいた。

「これで札幌のお姉さんに会ってきなさい」

差し出されたのは、茶色の封筒だった。中身が何かは、すぐにわかった。

断りかけた私を制して、佐藤先生は笑顔でこう言った。

「もちろん返してもらいますよ、出世払いでね」

こんな俺のことを、どれだけの人が気にかけてくれているんだろう。そう思うと、涙が後から後からこぼれてきた。

青森までは、秋田駅から最終の特急列車に乗った。雪の舞う、寒い夜だった。青森からは、深夜に出航する青函連絡船に乗る。絨毯敷きの二等船室は人でいっぱいで、一畳分の場所も確保できず、横になれば両隣の見知らぬ人の寝息が聞こえた。しばらく目を閉じてみたが、寝息ばかりが大きくなり、たまらず船室を出て甲板に上がった。

姉に会うためにここまで来たのだが、私とラグビーの関係は何も変わっていなかった。もちろん私の方が距離をとっているのだから仕方のないことだったが、ラグビーのことを考えると、また気が重くなった。目標を持てない自分。ラグビー仲間との関係。どうすればいいんだ。俺に、何ができるんだ。

舞い落ちる小雪が私の頬をかすめ、暗い闇の海に吸い込まれて消えていく。この手すりを越えて、ただ身体を投げ出しさえすれば、楽になるのではないだろうか。そうすれば一切の重荷から解放されるのではないだろうか。

ほんの一瞬だが、その一瞬、確かにそう思った。

ぎゅっと目を瞑ると、両親の顔が浮かんだ。そして、姉、弟、妹、中村先生、佐藤先生……。

何を考えているんだ、俺は。そう思いながら目を開けた。白い手すりの向こうは、どこまでも闇の底のような津軽海峡。たちまち怖くなって一歩さがった。

大きく深呼吸をすると、そのとき初めて外気の温度に気がついたかのように全身で寒さを感じた。私は自分の両腕を抱えるようにして船室に戻った。

連絡船は早朝に函館港に入港した。下船した他の乗客の流れにまかせて歩いていると、函館駅に着いた。私はすでにホームに入線していた札幌行の普通列車に乗り込み、見知らぬ駅の景色を眺めながら出発を待っていた。

「お兄ちゃん、ここ、いいかい？」

振り返ると、頭に手拭いを巻いたおばさんがいた。おばさんというより、老婆。背中には、本人の胴体よりも大きな荷物を背負っている。

私が「はい」と応えながら頷くと、その老婆は顔をくずしてにこっと笑い、「よいしょ！」という掛け声とともにしゃがんで荷物を下ろした。そしてふっと息をつきながら、私より小さな、背中の曲がった身体を隣に滑り込ませた。

そこへ次々と頭に手拭いを巻き、大きな荷物を背負った女性たちが乗ってきた。これから行商に出る人たちだった。愉快そうに話しながら、時折り笑い声を上げながら荷物を下ろしていく。たちまち車内はにぎやかになった。

あらためて隣の席に目をやる。老婆は母よりもはるかに年上で、顔には深い皺が刻まれている。背中をまるめてちょこんと腰掛ける彼女の向こうには、その身体ほどもある大きな荷物。

そのとき私は思った。俺って、情けねえ。たかだか一五歳の小僧が、何をぐだぐだ悩んでいるんだ。恥じ入るような気持ちで顔が赤くなるのがわかった。そして同時に、言いようのない活力を与えられたような気がした。函館駅の寒い朝、その温かい景色は鮮烈に心に残っている。

札幌駅に着くと、姉はホームで待っていてくれた。社会人になった姉は、すっかり大人になったように見えた。その日は平日だったので、姉は私を自分のアパートに連れて行き、すぐに会社に出かけた。私はどうしていいかわからず、その日は姉が帰るまでアパートにいた。

札幌での三日間、姉とどんな話をしたのか、ほとんど憶えていない。母からの電話で私のことがどう伝わっていたのかも知らなかったが、姉は何も問い詰めるようなことはしなかったと思う。だから私も、胸の内をすっかりはき出してしまうようなこともなかったはずだ。ただ私は、姉がいるだけで安心できた。

怪我の多かった私は、そのたびに母に心配をかけた。だから、できるだけ母を心配させないように振る舞った。そんな私を絶えず見守ってくれたのが姉だった。貧しい家庭を母一人が支えてくれていたから、余計な心配をかけないようにしたのは、姉も私も同じだった。そんな姉弟だったから、多くを語らなくてもわかってもらえたのかもしれない。

最後の夜、姉は札幌市内のレストランに連れて行ってくれた。姉の給料でこんな店に来られるのか、と思ったほど、私には豪華な店に映った。食事が終わる頃、姉が言った。

「デザートは頼んであるよ」

「デザート？」

するとウェイターが、お盆に載せた小さなケーキを運んできた。

「義人、もうじき誕生日だね」

私はあと数日で一六歳になろうとしていた。「ありがとう」と「ごめん」を心の中で繰り返しながら、ロウソクを吹き消した。

翌日、秋田に帰る日、会社が休みだった姉は札幌駅まで送ってくれた。列車の時刻よりずいぶん前に駅に着いた姉と私は、待合室に座っていた。ストーブがごうごうと燃え、暖かい部屋だった。

しばらく黙っていた姉は、不意に私の手を取り、こう言った。

「義人、壁は、どんな壁でも乗り越えられるよ。絶対に。その壁の向こうには、また新しい景色があるんだよ。だから、乗り越えるのを諦めちゃだめだよ」

私は生まれて初めて、姉の前で、人目もはばからずに泣いた。

涙の向こうの姉も泣いていた。私はただ、姉の手を握り返すことしかできなかった。

父には、私の不在について別の説明をしていたので、札幌から帰ってもしばらくは中村先生の家から学校に通わせてもらった。

胸にあった大きなつかえも消え、私はすっかり前向きな気分で登校するつもりだった。そんな私を襲ったのが、いきなりの腹痛。うずくまるほどの痛みが、みぞおちあたりに走った。病院に行くと、胃潰瘍と診断された。そして即刻入院。胃潰瘍とは大人が罹《かか》る病気だと思っていたが、子供でもストレスによって胃潰瘍になるということを知る。そして、あの悩んでいた時期に自分にもストレスがかかっていたのかと腑に落ちる。

全国制覇のメンバー唯一の一年生が、新年度になっても学校に来ていないことは、いろんな噂になっていたと後で聞く。大怪我で、もうラグビー部には復帰できない、とか。家にもいないらしい、とか。友達にまで、ずいぶん心配をかけてしまった。

その胃潰瘍も癒え、新二年生としてラグビー部に復帰する。まるで何事もなかったかのように。実際、三年生も同級生も、何事もなかったかのようだった。私の復帰を待ち望んでくれていたことは、すぐにわかったし、想像していたぎこちない関係も皆無だった。後になって考えれば、新体制発足後の上級生から課せられたきつい練習も、私への期待の表れだったのかもしれない。足のある吉田に強さが加われば、さらにチームの力になる、と。その私が勝手にいじめられていると思い込み、妄想を広げていたのかもしれない。

いずれにせよ、高校時代を思い返すと、真っ先に浮かんでくる一年生の冬。まだ子供だったのだ。

第二章　世界を知る

連覇のかかった二年生の花園だったが、準々決勝で敗退。そして最終学年。

三年生の夏、私は高校日本代表に選ばれる。例年なら代表の招集は、花園での全国大会が終わった後に行われるが、この年はニュージーランド遠征が決まっていて、南半球のニュージーランドのシーズンに合わせての夏の招集だった。

二年連続で花園を経験し、同じ高校生の全国代表レベルを知っていたから、自信はあった。ウイングなら負けないと思っていた。実は二年生のときもある程度の自信はあったし、代表に選ばれるかもしれない、と内心期待はしていたが、そうはならなかった。落胆はあったし、そのときの代表に二年生が一人いて、その彼より自分の方が力はあると思っていたので悔しくもあった。だが、他人がする選考をどうこう考えても仕方がないと割り切ることにしていた。

後に聞いたのだが、二年生時にも声はかかっていたということだった。ただ、一年の終わりから二年にかけて、私が精神的に不安定だったことを考慮して、中野監督が断ってくれていたらしい。「いまの吉田は選ばないでほしい」と。当時の状態の私を代表に送り出しても、私にとってもチームにとってもよいことではない、との判断だったようだ。

一九八六年七月、高校生日本代表はニュージーランドに遠征する。

当時、オールブラックス、つまりニュージーランド代表チームが世界最強であるというのが、ラグビー少年たちの共通認識だった。南アフリカの代表であるスプリングボックスこそが世界一だ、という声もあったが、南アフリカのアパルトヘイト政策により、スプリングボックスは世界の舞台からは遠ざかっていた。

代表には、後に早稲田大学に進む堀越正巳（熊谷工業高校）や今泉清（大分舞鶴高校）、郷田正（筑紫丘高校）、明治大学でチームメイトとなる西原在日、飯塚淳（大阪工大高校、現在、常翔学園高校）、富岡洋（東福岡高校）たちがいた。およそ一か月の遠征で、ニュージーランド各地の高校生チームと五試合、最後にニュージーランド高校代表、つまりオールブラックスの高校生チームとの試合が予定されていた。日本がとうていかなわないラグビー最強国でのゲーム。いったいどんなにすごい選手がいるのか。想像は恐怖に変わる。そして、でも同じ高校生じゃないか、と自分の中の恐怖を締め出す。

遠征先での宿泊はホームステイだと聞かされていた。英語は自信がなく、ちゃんとコミュニケーションがとれるかどうか不安だったが、それよりラグビーの方が不安だった。

空港に到着すると、ホストファミリーの人々が迎えにきてくれていて、選手がそれぞれの家庭に振り分けられた。名前を呼ばれてそちらに行くと、いかにも牧場で働いていそうな、がっしりした体格の男性が待ち受けていた。肩をつかまれ、車へと促される。

三〇分ほど走ると、広大な牧草地が目の前に広がった。その間にわかったのは、私が最初にお世話になるその人は、羊を飼っている牧場主で、自身もラガーマンであり、ラグビーがとても好きだということ。そして、日本の高校生代表を歓迎している、ということだった。その牧場の真ん中に、とてつもなく大きな屋敷が見えた。「こんな立派な家に泊めてもらえるのか」と思いながら、これは明日、チームメイトに自慢できると内心ほくそえんでいた。

ところが、車が止まったのは大きな屋敷をだいぶ過ぎたところで、降りてみると別棟のやはり大きな建物だった。見た目は、納屋。

「ここが君の部屋だ。ゆっくり寛《くつろ》いでくれ」

そう言われて開いたドアから中をのぞくと、広い空間にトラクターや農機具が置かれ、隅に金属枠のベッドがあった。ほんとうに納屋だった。

『ホームステイで納屋？　これがこの国の普通？』。驚きつつも戸惑っていると、何やら早口でまくしたてられ、作業着のようなつなぎが差し出された。今日は君を歓迎する日だから、このつなぎに着替えなさい、と言っているようだった。言われるがままにつなぎに着替え、長靴を履き、彼についていくと、そこは羊がひしめく小屋だった。

ひとしきり羊たちを眺めていた牧場主は一頭を選び、その首をつかまえて群れから私の前に連れてきた。咄嗟に私が思ったのは、「そうか、羊の毛を刈るところを見せてくれるのか」ということだった。ニュージーランドは人の数より羊の数が多いという。日本から来た若者に、その羊の国の光景を見せてくれようとしているのだと思った。しかし、私の顔を見てにっこり笑った彼の右手には、ハサミではなく巨大なナイフがあった。

それは一瞬のことで、私には何が起ったのかわからなかった。動かなくなった羊はあっという間に天井から下がったフックに吊るされ、毛を刈られていた。この人は何をやっているんだ。啞然として突っ立っている私に、彼はずっと話しかけている。ただでさえわからない英語なのに、そんな状況で理解できるはずがない。

すると彼は自分の胸を指さし、たしかに「ハート」と言った。そして一気に羊の腹を切り裂いた。鮮血があふれ、内臓がこぼれ出た。あまりに衝撃的で、つい目をそむけると「YOSHI」と彼が呼ぶ。彼の手には、真っ赤な心臓と思われるものが載っていた。そして彼は、それを口にする真似をする。満面の笑みで。

「これを食えば力が出る。そうすれば試合にも勝てるぞ！」

ポーズを交えて、私にそう言っているのが何となくわかった。しかし、私の方は、それどころではない。ラグビーの試合のためにニュージーランドまで来てみれば、いきなり牧場に連れてこられ、予告もなく羊の解体現場を見せられたのだから。

夕食のメインディッシュは、まさにそれ。心臓と思われるものやレバーと思われるものが大皿に載っていた。昼の衝撃で、食欲があるはずもなかったが、好意を無にするわけにはいかないと、頑張ってフォークを口に運んだ。

「美味いか？」と訊かれ、

「イエス。グッド」。そう言わないわけにはいかない。

しかし口の中には、小屋で捌《さば》いたばかりの羊の血の匂いが広がっていく。何度も吐きそうになりながら、つくり笑顔で飲みこんだ。

後で思えば、これこそがホストファミリーの最大級のもてなしだったのだ。海外から来た一高校生のために大切な羊を一頭つぶし、新鮮な肉と内臓を食べさせて精を付けさせ、試合で頑張ってもらおうとしたのだから。

しかし、秋田の田舎で育ち、羊なんか食べたこともない、おまけにレバーが苦手な少年には、ちょっと厳しいもてなしだった。

翌日、グランドに集合した選手たちの間では、ホストファミリーの話でもちきりだった。

広い部屋で驚いた、とか、ビーフステーキが最高に美味しかった、とか。私の体験も彼らを驚かせるには十分だとわかっていたが、話せば、あの心臓の味と血の匂いがよみがえってきそうで、その輪には加わらなかった。

初戦はカウンティーズという地区の代表チームが相手だった。グランドに出てみると、そこに身長一九四センチ、体重一二〇キロという高校生離れした体格の選手がいた。まず、そのサイズに圧倒された。我々のチームにはフォワードに一番大きな飯塚淳がいたが、一八四センチ、一〇〇キロほど。日本の高校生では巨漢だったが、その飯塚が小さく見えた。

体格の差に気持ちまで圧倒されたわけではなかったが、そのゲームは12対30で敗戦。こちらは日本の代表チームで、一方の相手は地区の選抜チーム。いってみれば日本代表が男鹿市の代表に負けたようなものだ。しかし、ここはニュージーランド。見せつけられたパワーの違いに、悔しさより不安が先に立つ。残る四試合、いったいどうなるのだろう。この国の代表には、どんな選手がいるのだろうか、と。

ただ、このゲームでは飯塚に勇気づけられた。背番号3の飯塚は、相手フォワード、一二〇キロの巨漢にひるむことなく突進していくのだ。もちろんことごとくはね返されるのだが、それでも正面から行く。彼にも日本代表というプライドがあったのだろうが、その背中は「俺が行かないで誰が行くんだ!」と言っているようだった。こいつはすごい、と思った。

しだいにチームにまとまりができて、その後の四試合で三勝した。そして迎えた最終戦、八月一六日の対ニュージーランド高校代表戦。

私と相対する敵の右ウイングは、後にオールブラックス入りするヴァイガ・トゥイガマラという選手だった。一〇〇キロを超える大型ウィングでスピードもあった。同じ高校生とはとても思えない筋肉質の厚みのある体で、彼からすれば、一七〇センチに満たない私は中学生か小学生のように見えたにちがいない。

ボールのファーストタッチ、つまりゲームで最初にボールが回ってきたら、そのときだけはまっすぐに相手にぶつかっていく。この私のプレースタイルは、この頃からできていた。ボールを持った自分に相手ディフェンスが迫ってきたとき、いかにステップを切ってタックルされないようにかわし、そのディフェンスを抜き去るかがウイングの仕事ではあるが、最初だけは当たっていく。強い相手なら、なおさらだ。それは、身体の小さな私が相手になめられないための、私のメッセージだ。

『お前の相手は小さいけど、逃げないよ。正面からガツンとぶつかっていくよ。なめてかかったら、ひどい目に合うぞ』

ゲームは序盤からオールブラックス高校代表に支配され、左ウイングの私にボールはなかなか回ってこなかった。しかしその間も、相手であるトゥイガマラをマークし、彼の力を量る。そして、速さでは負けないことがわかった。つまり、私が内側に切れ込んでいけば、相手ディフェンスも内側を意識する。そうやってディフェンスをタッチラインから離し、スペースを作っておいて、最終的にはそこを駆け抜ける。トップスピードでは、捕まらない自信があった。

そしてようやく巡ってきたファーストタッチ。まずは当たっていくと決めていた私は、正面に立ちはだかるトゥイガマラにスピードをつけて突進した。

あの衝撃は、いまも忘れない。まるでコンクリートの壁に衝突したような感じ。気がついたときには、タッチラインの外側の芝生に仰向けに寝かされていた。トゥイガマラにはじき飛ばされた私は脳震盪を起こし、そこまで運ばれていたのだった。

スコアは、13対44。大差の負けではあったが、世界最強の高校生チームが相手なのだから、これは善戦だ。

高校三年の夏。文字通り世界を肌で感じた、初めてのニュージーランド遠征だった。

暮れの全国高等学校ラグビーフットボール大会。三度目の花園は、最後の花園でもあった。一年生で優勝したときは、先輩たちに連れてきてもらったという感じが強かったが、今回は自分たちが最上級生。このチーム全員で、あの感動と喜びを分かち合いたいと思った。ところが、結果は三回戦敗退。言い訳に聞こえるかもしれないが、私の体調は最悪で、太腿の肉離れで二回戦は出場できず、三回戦も万全ではなかった。悔しさより責任を感じた。

花園が終われば、高校生としての現役は引退になるのだが、私には代表の試合が残されていた。再び招集された高校日本代表には、夏のニュージーランド遠征に参加したメンバーに加え、直前の花園で活躍した選手もいた。そしてこの代表チームが日本に迎えたのが、ニュージーランド高校代表だったのだ。

第一戦は、三月一五日、東大阪市の近鉄花園ラグビー場。私の正面にいる相手ウイングは、後にオールブラックスにも選ばれるジョン・ティムだった。トゥイガマラほどではないにせよ、がっしりした体格の俊足ウイングで、自分の力を試すにはまたとない機会だと思った。

それにしても、オールブラックス高校代表は強かった。夏に対戦したときより、さらに強くなっていたかもしれない。パワーもスピードも桁違いで、前半は4対18、後半も12対31。かなわなかった。ただ、忘れられないワンシーンが、彼らから奪ったトライの一つだ。みんながつないだボールが私のところに回ってきたのは、ハーフウェイラインを少し越えたあたりで、ゴールラインまではかなりの距離があった。正面で待ち受けるのは、後にオールブラックス入りし、世界選抜時にも対面になったジョン・ティム。その右側にはディフェンスが揃い、左側はすぐにタッチラインで走り抜けるスペースはほとんどない。

再度内側にパスを回せば、ディフェンスラインを突破するのは容易ではないし、そのことは考えなかった。ジョン・ティムと、足での勝負だ！　咄嗟に私はボールを浮かせて蹴り、ジョン・ティムの背後の無人地域に転がした。すぐさま駆けだす私だったが、ジョン・ティムの反応も速い。22メートルラインあたりを転々とするボールめがけて突進するが、背後のジョン・ティムとの距離は開かない。ボールを拾い上げるためにスピードが落

花園ラグビー場でのオールブラックス高校代表戦。全員大柄で、大人を相手にしているかと思った。

ちれば、必ず捕まってしまうと感じた私は、全速のままボールを足に掛け、ゴールラインに向かって蹴った。そしてそのボールを追う。ジョン・ティムがまだ追っているのはわかったが、足音は大きくならなかった。ゴールラインを越えたボールに飛び込み、グラウンディング！　その瞬間、会場がどよめいたのがわかった。オールブラックス高校代表のウイングを振り切ってのトライ。自分が世界を相手にして通用するかもしれない、と思った最初のプレーだった。

第二戦は横浜の三ツ沢競技場だったが、この試合では徹底的にマークされ、ボールを持った瞬間に、前から横から、走り出す間もなく捕まえられた。この試合も4対49と完敗だった。

しかし、高校三年の一年間で、後のオールブラックスを担う選手たちと三試合も戦えたことは、その後のラグビー人生を支える大きな糧となった。


高校三年間のラグビーが終わってしまうと、考えるのは進学と就職だ。継ぐべき稼業がなかった私は、できるものなら大学に進んでラグビーを続けたいと思っていた。

当時、ラグビー以外で夢中になったものがある。それが水谷豊主演のテレビドラマ『熱中時代』だった。毎週欠かさず観たテレビ番組は、他にない。そして知らず知らずのうちに、教師という職業に憧れるようになっていた。大学でラグビーを続け、やがて水谷豊が演じる北野広大のような、子供たちに慕われる教師になることができたら。

教師になるなら体育の先生。そして、体育の先生になるなら、日本体育大学。そう考えていた。ただし、うちには大学の授業料を払えるほどのお金はなかった。

進路相談の席で中野先生に希望を伝えると、連絡をつけてくれたのが日本体育大学の綿井永寿先生だった。中野先生は日本体育大学の卒業生で、当時、日体大のラグビー部の部長をされていた綿井先生の後輩にあたり、「うちの吉田が日体大を希望しているのですが」と話してくれたらしい。

綿井先生は監督として日体大を関東大学対抗戦グループで初優勝させ、史上三校目の日本ラグビーフットボール選手権大会優勝に導いた人で、後に日体大の学長に就任される。その綿井先生が中野先生からの知らせを大いに喜んでくれたと聞いた。「吉田なら、特待生で受け入れさせてもらう」。そういう返事だったそうだ。

この報に、私の方こそ大いに喜んだ。特待生なら授業料も寮費も免除され、親に一切の負担をかけなくて済む。そしてラグビーを続けることができ、体育教師の道も開けているのだ。ほんとうに、飛び上がりたいほど嬉しかった。

もちろん、両親も姉も喜んでくれた。中野先生が家に説明に来てくれ、ほぼ正式に「特待生での日本体育大学入学」が決まろうとしていた。しかし、私の知らない東京では、思いもよらないことが起こっていた。

詳しくは知らないが、当時の大学ラグビー界で、明治大学の北島忠治監督には、誰もさからうことはできなかったらしい。その北島忠治監督の耳に「秋田工業の吉田は、日体大に進学が決まったらしい」という噂が届く。そして北島監督は、すぐさま綿井先生に連絡をとり、こう話したというのだ。

「吉田は俺が預かる」

しばらくして中野先生から父に連絡があったらしい。父が秋田市内の料亭旅館に出向いたところ、そこには日体大の綿井先生も同席されていた。そして父は、その綿井先生から思いもよらない言葉を耳にする。

「明治大学の北島忠治監督が『吉田は俺が預かる』とおっしゃった以上、日体大としてはどうすることもできません。吉田君が日体大を希望されていると聞いて、我々も喜んでいたのですが。本当に申し訳ありません」

そう言って綿井先生は深々と頭を下げたそうだ。

「本当に残念ですが、ただ吉田君がどの大学に行こうと、私はずっと応援していますから」

綿井先生の別れ際の言葉が父には印象深かったという。

両親もだと思うが、私には何がどうなっているのか、さっぱりわからなかった。日体大に行き、体育の教師になるとすっかり思い込んでいた私には、まさに青天の霹靂《へきれき》ともいうべき出来事だった。

数日後、続いて家にやってきたのは、明治大学の関係者だった。秋田県出身の明治大学ラグビー部のOBで、交渉の代理人という人だった。しかし、交渉というよりは説得、もしくはただの説明で、「北島忠治監督が認め、預かりたいとおっしゃるのだから、吉田君は明治大学に行くのです」というような調子だった。しかし、やっぱり意味がわからない。なぜ明治大学なんだろう。

いまでこそ、母校である明治への感謝と愛は忘れたことはないが、正直なところ、当時の私の頭に明治という文字はなかった。国立競技場での早明戦の舞台に憧れはあったが、日体大の話がほぼまとまったときに、その夢は消えていた。しかも、万が一にも早明戦への出場が叶うなら、早稲田大学だと思っていた。パスワークとスピードでディフェンスを切り裂いていく早稲田のラグビーの方が、自分のスタイルに近いと思っていた。かたやフォワードのパワーと突進力で押しまくる明治のラグビーには、まるで興味を持てなかった。

後になって聞くと、他のいくつかの大学からも勧誘の打診はあったらしい。しかし、「北島監督が……」の言葉で、さらなる誘いはなかったそうだ。

どうやら自分は明治大学に行くらしい。まるで他人事のように感じていた。私が希望し、先方も望んでくれた日体大ではなく、降ってわいてきたような明治大学。しかし、腹をくらなければならないときがきていた。

『わかった。明治でも教員になる勉強はできるだろうし、こんな俺をそこまで望んでくれるのなら、ぐずぐず言うまい』

こんな形で自分の進路が決まるとは思いもしなかった、秋田での最後の冬だった。

一九八七年三月の初め、私は京王線の八幡山駅に降り立った。横には、私と明治大学をつないでくれた、秋田県出身のＯＢがいた。これから四年間、このにぎやかな街に暮らすのか。そう思いながら、明治大学八幡山グランドまで歩いた。

入学式はずっと先だったが、ラグビー部の新入部員は二週間あまりの新人合宿のために集められていた。合宿所に荷物を置くために立ち寄り、すぐさま向かったのが北島忠治監督の自宅だった。北島監督の家は、ラグビー場のすぐ近く、閑静な住宅街にあった。

さすがに緊張した。初対面でどんな人柄の方かも知らなかったが、その人が中学生の自分のプレーをヘッドコーチから聞き、高校生の自分のプレーを観て、「吉田は俺が預かる」と言ってくれた北島監督なのだ。

「秋田工業から来ました、吉田義人です！」

玄関で挨拶をすると、監督は微笑んで小さく頷いた。

「おう、吉田か。よく来たな」

「はい。お世話になります」

しかし、私にはそれ以上続ける言葉はない。するとしばらく私を見ていた監督が、こう言った。

「ちょっと待ってろ」

そして奥の部屋に消えて行った。ＯＢの方と顔を見あわせながら待つこと三分。再び現れた監督は、手にブレザーを持っていた。

「これを着るといい」

そう言いながら北島監督は、そのブレザーを私の目の前に差し出した。ラグビー部に入部すれば、ブレザーが必要なのは、少し前に聞いて知っていた。ただ、そのブレザーを買うお金をどう工面したものか、悩んでいた。だから、いただけるのなら、と、ありがたく受け取った。大学の監督というものは、こうやってブレザーを渡しながら新入部員を迎えるものなのだろう。そう思っていた。

合宿所に戻り、与えられた部屋でそのブレザーに袖を通してみた。新しくはないが、サイズはぶかぶかだった。胸に刺繍のエンブレム。いよいよ大学生か。そう思いながら脱ごうとすると、左の内ポケットの上に刺繍の名前があるのに気づいた。『北島』

ほんとうにあせった。北島監督のブレザーをいただいたのだ。何ということだ。自分を落ち着かせるために大きく深呼吸をしながら、そのブレザーを丁寧にハンガーに掛けた。そのとき初めて、自分がどれほど北島監督に期待を持って迎えられたかを知った。他校に入学が決まりかけていたにもかかわらず、「吉田は俺が預かる」と言った、その証がこのブレザーなのかと。

どんなことがあっても、監督の期待を裏切ってはならない。そう決意した、上京初日だった。

明治大学八幡山グランドのラグビー場は、高いフェンスに囲まれている。そのグランドのハーフウェイラインあたりの南側フェンスに張り付くように、屋根のついた小屋のようなものがある。地上約三メートル。これが司令塔だ。北島監督はたいていこの司令塔に上って、練習や試合を見守る。

新人合宿も半ばにさしかかったころ、上級生も交えての練習試合が組まれた。私のポジションはウイング。スターティングメンバーでの出場だった。

この最初の練習試合で、三つのトライを挙げたのを憶えている。一つ目は、ボールをもらってそのまま相手ディフェンスに正面からぶつかり、倒してからのトライ。二つ目はステップを切って、タックルをかわしてからのトライ。三つ目は、ディフェンスラインの向こう側にパントを上げて走りだし、誰よりも速くボールに追いついてのもの。いろいろできることを示したかったわけではなく、もちろんどれも咄嗟の判断だったが、司令塔の北島監督の目は意識していた。たとえ練習試合であろうと、いま自分にできるプレーを全力でやらなければ、預かってもらっている身としては、監督に申し訳ないと思った。

ずっと後になって、北島監督のインタビューを読んで知ることになるのだが、このときの私を観た監督は、「吉田には何も言うことがない」と思ってくれたそうだ。

このことがあったからかもしれない。合宿終盤に上級生ばかりでの九州遠征があり、私も同行することになった。他大学との試合の直前、北島監督から預かったメンバー表を見たヘッドコーチが、慌てて監督のもとに駆け寄った。

「監督、吉田はメンバーには入れられません。まだ入学していませんから」

あらためて、監督の期待をひしひしと感じた。

第三章　明治大学入学

一九八七年四月、私は明治大学に入学する。同時に、正式に明治大学ラグビー部員となった。

新人合宿のときからすでに身にしみて感じていたことだが、高校を卒業したばかりの新入生と四年生とでは、体格や体力に、まるで子供と大人ほども違いがある。誰もが一回りも二回りも身体が大きく、二〇歳を超えて酒も飲むことのできる先輩たちは、私たち一年生からすれば、まさに大人だった。

さらに、明治大学ラグビー部の練習は、高校時代と大きく違うところがあった。それは、秋田工業の練習が監督やコーチによって徹底的に管理されていたのに対し、明治ではすべてが部員によって決められているということだった。

私が一年生のときは大西一平キャプテンだったが、練習の時間も内容も、キャプテンとそのサブであるバイスキャプテンによって考えられていた。そして、北島監督もコーチ陣も、練習に関してはほとんど口を出すことはない。これは、部員一人ひとりを自律させるための北島監督の方針で、私がやはり大人の世界だと感じたことのひとつだった。

そして驚いたのは、練習時間の少なさ。とくに一年生時の大西キャプテンの時代はそうだった。大学の練習は、高校とは比べ物にならないくらいハードなのだろうと想像していたから、これには拍子抜けした。こんなので大丈夫なのか、と思ったほどだった。

全体練習が終わると、一年生は上級生の個人練習の相手をしなくてはならないのだが、それを入れても私には物足りなかった。だから、ときどきグランドを抜け出して、周辺にあった団地まで走った。そして、団地の外階段をひたすらダッシュで登り下りを繰り返した。そうでもしないと、自分にとっての練習不足は補えないと思ったのだった。

そして私が知ったのはここでは、日常生活の厳しい上下関係はあっても、ラグビーにおいては絶対実力主義だということ。レギュラーを争うのに、一年生も四年生もない。しかも、全国から集まった才能集団であり、明治のジャージを着て試合に出るためには、まず身内のライバルを倒さなければならなかった。

当時の寮では、一年生は「部屋子」と呼ばれ、各部屋の上級生六人の世話を、二人の部屋子がこなしていた。買い物、掃除、練習着の洗濯。「おーい」と呼ばれれば、何をおいても駆けつけていった。

一年生の一人に「ジャージ長」というのがいた。これは上級生から任命されたもので、洗濯し終えたジャージに微かな汚れでも残っていないかどうかを点検する役目だ。ジャージはレギュラーだけが試合で着られるものであり、明治の紫紺のジャージは責任と誇りの象徴だ。だから、どんなにわずかでも汚れていてはならないのだ。

試合が終わると、選手たちが着ていたジャージは一年生に回される。一年生はそれを洗濯場に持っていき、まずは数台の洗濯機で一晩中水洗いをする。いまのように全自動の洗濯機ではない。ひたすら水を足しながら、機械が止まればまた動かし、つきっきりで四時間から五時間見ていなくてはならない。当然、夜中になる。

ところが、ジャージ洗いは当日に終えなくてはならないという決まりがあり、翌日以降にジャージを洗っているところを先輩に見られてはいけない。なぜそういうルールができたかは不明だが、洗濯機の水洗いだけでジャージがきれいになるわけはなく、むしろそれからの洗剤を使っての手洗いの方が本番なのだ。翌日、先輩たちが寝静まると、一年生は部屋を抜け出して洗濯場に集合し、洗剤とブラシで生地にしみ込んだ土や芝の汚れと格闘するのだ。もしジャージが破れたら、そのジャージを割り当てられた一年生は弁償しなくてはならない。だから、乱暴にも扱えない。小さな汚れを見つけては、生地を傷めないようにブラシでこすって繊維に絡んだ土のかけらを取り出すのだった。

そして、それらのジャージが完全に乾いたら、ジャージ長の出番となる。彼は一枚一枚のジャージのすべての部分を電灯の光にかざし、少しでもくすんでいるところがあれば、やり直しを命じる。それがジャージ長の仕事であり、もし彼がジャージに残った汚れを見逃して上級生に発見されれば、われわれ一年生には長時間のランニングが課せられる。

一年生にとってのジャージ洗いは、それでなくても短い自由な時間を奪われる、ため息のでるような仕事だった。しかし一方で、紫紺のジャージに愛着を持ち、いつかそれに袖を通してグランドに立つ、という憧れを抱くための時間でもあったことを、後になって思うのだ。

寮生活で、私にとって何より嬉しかったのは、食事だった。朝、昼、夜と、三度の食事——しかも常におかずがある！——で腹いっぱい食べられるというのは、まさに夢のようだった。ただ、食事にもさまざまなしきたりがあり、理不尽に感じることもしばしばだった。メニューに「豚汁」があるときなどがそうで、まず四年生が大鍋に群がり、おたまに具をごっそり載せて——主に肉だ——器に取っていく。次は三年生で、同様に具ばかりを器に盛る。そして二年生。当然のことだが、一年生の順番が来る頃には、運よく大根の欠片が見つかることもあるが、基本的に鍋にはほとんど汁しか残っていないのだ。しかし、その汁だけでもご飯は食べられる。母がやりくりしていた家計を気にか

明治大学八幡山グランド。初めて紫紺のジャージに袖を通した日。

けることなく、腹いっぱい食べられることはこの上なく幸福だった。

ところがこの幸福は、長くは続かない。入部して二か月ほどのある日、あまりの激しい腹痛で病院に駆け込むことになる。膵臓疾患と診断された。原因は、食生活にあるのでは、と医師に言われ、思い当たるのは寮での食事だった。この二か月以上、寮でしか食事をしていなかったからだ。

考えてみれば、寮のおかずというのが、たいていの場合揚げ物なのだ。鳥のから揚げ、魚のフライ、メンチカツ、コロッケ……。サバの缶詰がテーブルに山になっていることもあった。その寮の食事を作ってくれていたのは住み込みの老夫婦で、彼らにしてみれば、決まった食費で食べ盛り――並みの食べ盛りではない――の若者一〇〇人の腹を満たし、なおかつカロリーを摂取させるには、揚げ物が最適と考えたのだろう。サラダなど、生野菜があった記憶はほとんどない。いまでこそ栄養士などがいて、部員の栄養管理が行われている大学スポーツだが、そんな考えはなかった時代のことだ。

じつを言うと、高校時代から胃や腸が丈夫な方でなく、よくお腹をこわしていた。たぶん、貧しい食環境で育った私は、胃腸の体力がなかったのだ。そこに山ほどの油たっぷりの食事がやってきて、膵臓を弱めてしまったらしい。東京やその近郊に実家がある部員は、たまに家に帰って普段不足している栄養を実家の料理で補給できたし、お金のある先輩たちは、外に食事に出かけていた。寮の食事どき、必ず食堂にいるのは、実家も遠く、お金のない私だけだった。

さらに、その腹痛を我慢しながら練習に参加したのがよくなかった。痛みを気にしながら、緊張感を欠いたまま――これは私が悪い――タックルにいき、肋骨を折ってしまった。完治するまでにおよそ一か月。長期戦線離脱を余儀なくされた。


長期間練習に参加できない者は、寮を出なければならない。これは北島忠治監督が決めた、寮の規則の一つだ。

寮を出ろと言われても、私には行くあてもない。授業があるので、秋田に帰るわけにもいかない。仕方なく母に相談すると、東京にいる母の妹の長男、つまり私の従兄に連絡をとってみろと言う。その従兄に電話をかけ、事情を説明すると、しばらく居候させてもらえることになった。

寮で私に割り当てられたのは一階の一号室で、一年生の私から四年生まで各学年二人ずつの八人の部屋だった。ベッドは入口近くの三段ベッドの最上段。最初にそこに上がったときから、ベッドの横の壁に描かれた気味の悪い絵には気がついていた。しかし、先輩に割り振られたベッドに文句など言えるわけもなく、以来そこで寝起きをしていた。

いよいよ寮を出る日、荷物をまとめ、ベッドを片付けるために布団を上げようとしたそのとき、発見してしまった。枕元に張り付けられた『お札』！　ぞっとして、全身に鳥肌が立った。しばらくその場を動けず、そのお札と壁の奇妙な絵を交互に見た。いつ、誰が残したものかはわからないが、ラグビー部の寮にある以上、怪我に悩まされた人が残したにちがいないと想像できた。そしてそのとき、あることに気づく。

中学時代に椎間板ヘルニアを患って以来、私には欠かさず続けてきた日課があった。それは起床して真っ先に仏壇に向かい、毎朝仏壇の水を取り換え、先祖に手を合わせることだった。最初は母に習ってそうするようになったのだが、いつの間にか自分の日課になっていた。これは、信仰とか宗教というより、私の儀式だ。朝、仏壇に手を合わせ、先祖に感謝をして無事を願う。怪我の多い私だったが、ラグビーを断念するほどの大怪我に見舞われなかったのは、このおかげだと勝手に思っている。だから、高校を卒業するまで、家にいるときは一日も欠かさなかったのだ。

ところが、上京して以来、その儀式ができない環境にあった。だからかもしれない。膵臓疾患のことも肋骨骨折のことも、妙に納得して寮を離れた。それからは秋田の方角に向かい、毎朝手を合わせた。現在もこの儀式は続けており、毎朝先祖に手を合わせて一日の無事を祈っている。

従兄のアパートは中野区江古田にあった。彼は美容専門学校に通う学生で、その四畳半の部屋に泊めてもらえることにはなったが、養ってもらえるわけではなかった。授業があるため、長時間働くことはできないのでアルバイトもできず、肋骨骨折の静養をしなければばならなかったので、日雇いの肉体労働も不可能だった。そこで思い出したのが、小学生時代の小遣い稼ぎ、空き瓶拾いだった。

授業からの帰り道、路地や公園の隅などを歩いて空き瓶を探し、酒屋に持って行った。当時はガラス瓶が貴重で、どこの酒屋に持って行っても清酒の一升瓶なら一本一〇円くらいで買ってもらえた。ビール瓶なら五円。それと従兄の仕送りを合わせ、スーパーマーケットで一番安い業務用のレトルトのカレーを山ほど買った。米だけは、秋田から従兄の家に送られていた。

揚げ物ばかりで膵臓をこわしたのに、今度はカレーライスばかり。これでまた病気になったら、ほんとうに俺は馬鹿だ、と思ったが、どうすることもできなかった。

従兄には一か月あまり世話になった。そして学校は夏休みに入り、私は秋田に帰省した。中学生の頃を思い出し、復帰の足掛かりはやはり寒風山だと思った。膵臓も癒え、肋骨もほぼ完治したいま、すっかり体力を戻して夏合宿に臨みたかった。

一か月ほどの帰省だったが、ほぼ毎日寒風山を走った。故郷の慣れ親しんだ風は私を後押ししてくれ、日に日に身体は軽くなっていった。体調さえ万全なら、どんな相手とでも戦える。寒風山は、そんな自信を取り戻してくれた。

合宿を終えて、九月。いよいよ関東大学対抗戦が開幕する。八幡山グラウンドで行われた明治学院大学との一戦が、私の公式戦デビュー試合となった。

紫紺のジャージに袖を通したとき、武者震いがした。このときはじめて、それがただの11番のジャージではないことを知る。伝統と誇り、そして憧れがしみ込んだ、重みのあるジャージ。それを身に着けた者だけに許された明治の左ウイング。先輩たちから聞いた北島忠治監督の言葉が頭をよぎる。「縦に突進せよ」。ただひたすらに前進することを自分に誓って、グランドに飛び出した。

この試合で、私は四つのトライを奪うことになり、その結果は周囲に鮮烈なデビューと映ったようだった。トライの度に歓声があがる。その歓声の中に「あれが秋田工業の吉田だ」という声が聞こえた。私は心の中で応えた。『ちがう。明治の吉田だ』

ラグビーのプレーにおいては、どんな場面でも光る存在でありたいと思っていた。ウイングというポジションの私のプレーが光るということは、攻撃なら得点につながるシーンが多いということで、守備でなら敵の得点を回避できたということだからだ。しかし、ラグビー以外のことで私は存在感を示したいとは思わない。冗談を言って人を笑わせるのも苦手だし、どちらかというと静かなタイプだと思う。ところが、そんな性格と裏腹に、ときに人と違ってしまい、場合によっては協調性がないと判断されてしまうこともある。

高校生の頃、冬のある日の練習中のこと。レギュラー全員が一列に整列してコーチの指示を聞いていると、そのコーチが突然私を指さして怒鳴った。

「なんだ、吉田！　一人だけ勝手なまねをして！」

何のことだかわからなかったが、コーチは顔を真っ赤にして怒っている。ふと横の列を見ると全員練習ジャージのままで、私だけがウィンドブレーカーを着ていた。どうやら、そのことらしい。コーチの指示のあとはすぐに練習が再開されるはずだが、私としては身体を冷やしたくなかった。その指示は長時間に及ぶ可能性もあり、冷え切った身体をいきなり動かして怪我でもしたら元も子もないと思ったからで、怪我の多かった私は、そういうことにことさら敏感になっていた。

「そんなに目立ちたいか！」

みんなはくすくす笑っている。何を言っているんだこの人は、と思ったが、口答えは許されず、しぶしぶウィンドブレーカーを脱いだのだった。


はからずも目立ってしまったことに、青いサポーターがある。

大学一年生の対抗戦。明治学院大学戦で公式戦デビューを果たした私だったが、筑波大学戦では一度もボールに触ることができず、チームは敗戦を喫していた。当時の筑波大学は薫田真広さんや梶原宏之さんといった名プレーヤーたちが四年生にいた強豪チーム。しかし勝てない相手ではなかった。その敗戦が影響したのか、休日明けの練習は雨にもかかわらず、キャプテンの指示はグランドでの練習だった。

冷たい雨が降リ注ぐ寒い日で、グラウンドはぬかるみ、コンディションは最悪だった。そこでの練習開始直後、バチンという音がして右太腿裏に激痛が走った。肉離れだった。しかもかなりの重傷。

一か月後には国立競技場での早明戦が控えていた。しかし右太腿の肉離れは思うように回復せず、その後の二試合は欠場した。私と同じポジションには、大分舞鶴高校出身の四年生、田辺良典先輩がいた。俊足で、直線を走ればおそらく私より足が早く、レギュラーとして活躍して然るべき選手だった。そしてこの早明戦は、四年生にとっては最後の早明戦になる。「脚に不安を抱える自分より、田辺先輩だろうな」。初の国立での早明戦出場を、半ばあきらめていた。

早明戦の一週間前のメンバー発表。「11番……」。その後に呼ばれたのは、私の名前だった。驚くと同時に、いままでにない重圧を感じた。太腿が完治していないことをわかっていながら、北島監督はこの一戦に私を選んだのだ。監督の期待を裏切るわけにはいかない。残り一週間。何とかして全力で走れるようにしなければ、と思った。

当時は現在のようなテーピング技法も優れたテープもなく、サポーターといえば関節用か擦り傷防止のゆるいもので、白地の布製だった。肉離れの再発を防ぎ、しかも全力で走るには、太腿をきっちり締め付けるものが欲しかった。そこで思いついたのが、自転車のタイヤチューブだった。あれを太腿にしっかり巻けば、締まるはず。早速近所の自転車店に行き、古いチューブを譲ってもらった。

そのチューブをハサミで切り開き、太腿にぐるぐる巻きにする。感触は上々。これならいける。そう思ってグランドに出て走ってみた。すると、チューブの厚みのせいか、その表面が左の内腿に擦れて痛いのなんの。擦れないように足を開けば、がに股になってまるでスピードが出ない。完璧な方法だと思っていたが、ぬか喜びに終わってしまった。

どうしたものかと悩んでいると、そこに現れたのがスズキスポーツという、ラグビー部に出入りするラグビー用具専門店の人だった。事情を話し、何かいいものはないかと相談すると、いいものがある、と教えてくれた。彼がすぐに持ってきてくれたのは、ゲレンクという小さなスポーツメーカーが作った新しい種類のサポーターだった。とにかく伸縮性が強く、みごとに太腿を締め付けてくれた――実は、膝用のものを太腿に巻いていた――。その締まり具合はチューブ並みで、表も裏も肌触りのいい生地だった。これだ、と思った。ただし、色は青。白い短パンの下に真っ青なサポーター。さぞや派手だろうなとは思ったが、背に腹は代えられない。そのサポーターのおかげで、私の太腿は、初の早明戦に間に合ったのだった。

全国にテレビ中継された早明戦で、私の青いサポーターは高校生のラガーマンの目を引いたらしい。花園での全国高校生大会で、あちこちに青いサポーターの選手がいたという話が耳に届く。実際テレビで試合を見たが、確かに青いサポーターをしている高校生ラガーたちがたくさんいた。その後ゲレンクの社長から手紙がきた。「あなたのおかげで売り上げが伸びた」という感謝の手紙だった。

そして、青いサポーターは、私のお守り代わりになった。以後、ここぞという試合には、験を担ぐように、青いサポーターを付けるようになった。

ついでに言うと、やはり思いがけず目立ってしまったものに、スパッツがある。いまではどのスポーツ選手も当たり前のように履いている、あの脚をぴったり覆うようなロングスパッツ。

陸上競技のスプリンターたちは当時も履いていたが、ラグビー界ではまったく普及しておらず、ウォーミングアップ用のウエアといえばナイロン製のウォームアップスーツが一般的だった。ただ私には、あのナイロンの擦れるシャカシャカという音が邪魔でしかたなく、いつも煩《わずら》わしいと思っていた。そこへ見つけたのが、あのロングスパッツだ。保温性もあり、音もない。これはいいと買い求め、早速グランドに履いて出た。

上はラグビージャージ、下は黒いスパッツ。その私の姿が、どれほど滑稽《こっけい》に映ったのかはわかならいが、そこにいた全員にゲラゲラ笑われた。

でも、私は一向に構わなかった。自分がいいと思うものなら、自分に必要なものなら、私はそれを採用する。それがこだわりなのだ。

一九八七年一二月六日。この日は、私のラグビー人生の中でも忘れることのできない一日だ。関東大学対抗戦、早稲田大学との一戦。伝統ある早明戦の中でも「雪の早明戦」と謳われ、いまも伝説のように語り継がれている、あの試合だ。

当日、朝起きると、前夜からの雪はあがり、あたりは一面の雪景色だった。みんな試合ができるのかどうか、心配なようだった。しかし秋田で生まれ育ち、当たり前のように雪上でラグビーを続けて来た私にとって、それは見慣れた冬の光景だった。できる。これなら試合はある。私はそう確信した。いざ国立競技場へ。

国立競技場は異様な空気に包まれていた。スタンドを埋め尽くす六万人の大観衆。その歓声はロッカールームにまで響いてきた。先輩たちの顔も、どこかいつもと違っている。その表情には、覚悟にも似た決意が表れ、どの肉体からもエネルギーがほとばしる。これが早明戦なのか。あらためてこの試合にスタメンとして選ばれた責任の重さを感じた。

そして、グランドに出たときに迎えられた歓声はいまでも忘れることができない。歓声というより地響きにも似た空気の震動。それがすり鉢状のバックスタンドから降ってくる。それがさらに反響して選手を四方から包み込む。私は一気にサイドラインまで走った。緊張をほぐすのと天然芝のコンディションを確かめるのが目的だったが、同時にその大歓声が後押ししてくれるような熱い空気を感じた。

　グランドは雪かきされていて、タッチラインの外側に雪が小山のように積まれていた。しかし芝はぬかるみ、試合が始まるとたちまち田んぼのようになった。浮いた水はシャーベット状で冷たく、濡れたボールは滑り、両チームともにノックオンやミスキックが目立つ。

　前半七分。大西キャプテンが怪我でグランドから出ている間に、ゴールライン手前のラインアウトからボールを奪われ、先制された。その一三分後。早稲田陣営、22メートルラインの中央付近、明治ボールのスクラムから出たボールを、スタンドオフの加藤先輩が左前方へ蹴り出した。その蹴る体勢が見えた瞬間に私は走りだしていた。ボールに駆け寄る早稲田の清宮先輩が視界に入る。しかしボールは清宮先輩の手につかず、私は弾んだボールに飛びかかった。初めての早明戦でのトライ。とどろく歓声に国立競技場全体が揺れていた。しかし不思議なことに、そのときの私は静寂に包まれていた。大歓声もなく、ただ早鐘のような自分の鼓動だけが聞こえていた。

　試合は7対10での敗戦。グランドコンディションは悪く、両チームの力が存分に出せたゲームではなかったが、魂がぶつかり合ったすさまじい戦いだった。早明戦が早稲田にも明治にも、どれだけ重いものであるかを心底肌で感じた貴重な試合だった。そして、その早明戦を終えたときに初めて、明治ラグビー部の一員になれたような気がした。

早明戦には敗れたものの、そのシーズンの関東大学対抗戦は八勝二敗で終え、全国大学選手権の出場権は得ることができた。一二月二七日、花園ラグビー場。初戦の相手は、関西大学リーグの大阪体育大学だった。

当時の大阪体育大学はヘラクレス軍団と呼ばれ、強力なフォワードを築き上げて関西大学リーグで二年ぶりに王座に返り咲いていた。しかし明治にも重戦車フォワードのプライドがある。この一戦は、そのフォワードのぶつかり合いだった。しかし、スクラムでは押した明治だったが、モールやラインアウトでは劣勢に立たされ、結局0対10で敗戦を喫した。

大会は、京都産業大学、大阪体育大学、同志社大学と、関西の三チームを破った早稲田大学が優勝。年明けの日本選手権へと駒を進めた。

初めての早明戦で、国立競技場デビュー。明治大学唯一のトライを奪う。

一月一五日、国立競技場、第二五回日本選手権は、早稲田大学と社会人優勝チームの東芝府中との間で争われた。

すでに一年生のシーズンを終えていた私は、秋田に帰省していた。日本選手権は実家のテレビで見ていた。蘇《よみがえ》るのは、対抗戦での筑波大戦、早稲田大戦、そして大学選手権の大体大戦。いずれも私が11番を背負っての敗戦試合だった。

画面では、後半追い上げた早稲田が22対16で東芝府中を破り、一六年ぶりに日本一に輝いていた。その歓喜の渦の中には、高校日本代表で共に戦った、一年生の堀越正巳や今泉清もいた。正直、悔しかった。

そしてそのとき、ここが私の新たな目標になった。対抗戦優勝でもなく、大学選手権優勝でもなく、日本一！

中学、高校、そして大学。ここまで書いてみると、ひたすらラグビーに没頭していたように見えるが、私にも思春期はあり、人並みに恋もした。

秋田工業時代、花園で全国制覇を成し遂げたチームのメンバーは、ラグビーブームもあり、秋田の高校生の中では、ある種スターの集団だった。私自身、ファンレターもたくさんいただいたし、その中にはどう見てもラブレターだと思われるものもあったが、私からすれば、まったく知らない人からの恋の言葉は、戸惑うばかりだった。

そんな二年生の春頃、練習後に声をかけられたのが、秋田工業高校と旭川をへだてて南側にある、秋田北高校の女子学生だった。秋田北校は、当時秋田で一番の進学女子高校で、秋田工業の生徒にしてみれば、秋田北校の女子と付きあうのは憧れのようなものであった。

彼女は物静かで頭が良く、誰からも好かれるような笑顔の素敵な女性だった。一目で好きになった。ただ、硬派ぶっていた当時の私は、学校の近くで彼女といるところを人に見られたくなかった。同級生にも「べつに女なんか」とうそぶいていた。お金はないので、ただ公園を歩き、時にはベンチに座って話をした。

月曜から土曜、ラグビー部の練習は夜まで続く。デートができるのは週に一度だけ。日曜日の練習の後だった。日曜日は、たいていは昼の一二時までが練習で、うまくすれば、午後中休みになることもあった。日曜日の練習が終わりそうになると気もそぞろで、早く彼女に会いたくて、そのことばかり考えていた。練習終了後、慌てて着替え終えると、そっと退室して待ち合わせの場所である北高の正門まで走って行った。

ある夏の日曜日。練習は午前中で終わるとあらかじめわかっていた日だった。彼女との約束は、午後一時。ところがそんな日に限ってOBがやってくる。こういうときのイヤな予感というものは、たいてい的中する。OBたちは午後になっても一向に帰るそぶりを見せず、次々に練習を指示してくる。私にしてみれば、そんな練習はどうでもよく、暑いさ中に彼女を待たせていることばかりが気になっていた。

携帯電話もない時代。彼女に連絡もつけられないまま、時間は過ぎていった。やっと練習が終わったのは、午後二時過ぎ。さすがにもういないだろうな、と思いながら、それでも急いで着替え、北高に向かって全力で走った。橋を渡って旭川を越え、右折するとすぐに北高のテニスコートが見える。その先に正門がある。はたして彼女は、日かげに入りもせず、汗びっしょりになってそこに立っていた。この炎天下に、二時間あまり。嬉しくて、なんと声をかけていいかわからない私を、ほっとした顔の彼女が見つめていた。高校を卒業する日まで、試合以外の日曜日の午後は、彼女といっしょだった。

私が東京の大学に進学するとわかったとき、彼女も親を説得して東京の大学を受験した。八幡山グランドと同じ世田谷区にある女子大だった。東京に行っても、休みには彼女と会えると思うと、とても安心できたし、その日が待ち遠しかった。


ところが、いざ大学に入ってみると、週に一回どころかまるで会えない。というのも、彼女はその女子大の寮にいて、そこの門限が夕方の五時だったのだ。

私はといえば、自由になる時間は、原則として日曜日の試合後から翌日の夕方五時。ただし一年生は試合後も洗濯や先輩の用事などで、解放されるのは夜中だ。月曜日に彼女の授業が終わり、やっと会えるかと思ったら、すでに門限の時間、という状態が何週間も続いた。二人とも寮住まいなので電話もかけられず、もどかしい思いをしながら、一方で高校生とは違う新しい生活にも慣れる必要があった。

合コンというのを、大学に入って初めて経験した。四年生が一年生を歓迎する、という名目の合コンだった。だからこの日ばかりは、一年生を持ち上げてくれた。

場所は渋谷の居酒屋で、こちらは上級生六人に一年生二人。そこにやってきた相手は、東洋英和女学院大学の女子学生八人だった。新人をもてなすというのが趣旨なので、私は真ん中に座らされ、隣に来たのも同じ一年生の女子学生だった。おとなしそうな子、というのが第一印象。

何しろそういう場は初めてだったので、何を話していいかわからず、しかも酒も飲めず、ソフトドリンクを片手にただ座っていた。時折り先輩たちが気を遣ってくれて質問を私に振るのだが、気の利いた答えにならず、本当に居心地が悪かったのを憶えている。ただ、隣にいた彼女だけが、じっと視線を向けてくれていた。

数日後、八幡山グランドでの練習中、ふとスタンドに目を向けると、その彼女の姿があった。

練習後、何と声をかけたかは憶えていないが、それから毎日のように、彼女は練習を観にきてくれていた。そして、目が合うと、にっこり微笑んでくれた。

数週間後、今度は二年生が仕切る合コンに誘われた。誘われたというより人数合わせで、声がかかれば行くしかない。当時の合コンでは「フィーリング・カップル五対五」というのが流行っていたらしい。元々はテレビ番組の一コーナーで、男女五人ずつがそれぞれ相手を選び、意中の相手同士ならばカップルが成立するというものだ。

参加者全員の紹介も終わり、しばらく話していると、先輩の一人が司会役になって「フィーリング・カップル五対五」が始まる。そしていよいよ投票の結果を発表する段になって、その司会者が「えーー！」と大声を上げた。その理由はすぐに明かされた。なんと女子全員が私を選んでいたのだった。私の方こそ「えー！」だと思った。面白い話をして場を盛り上げるわけでもなく、その言葉にはまだ秋田なまりがあり、しかも相手の女子大生はみんな二年生のお姉さんなのだ。

わけがわからないまま、不機嫌な先輩たちの後ろについて合宿所に帰ると、こう宣言された。「吉田、二度とお前は連れて行かない！」。これには内心、ほっとした。

最初の合コンで出会った彼女は、その後もずっと練習を観にきてくれていた。一方で、秋田からの彼女とはほとんど会えないままだった。

そして秋を迎えた頃、練習を終えると、スタンドから彼女が駆け寄ってきた。この頃にはよく会話も交わしていたので、めずらしいことではなかった。

「わたしと付きあってほしい」。そう言った彼女の、意を決したような表情はいまでも覚えている。いつかはそういうことになるかも、と思っていたし、正直嬉しかった。ただ、そのとき私の頭に浮かんだのは、秋田時代からの彼女のことだった。その彼女の存在を黙っていることもできたかもしれないが、私にはその選択肢はなかった。

自分には高校生の頃から付きあっている女性がいること。何よりラグビーが一番であること。その二つを説明した。しかし、彼女に動揺は見えなかった。たぶん私が話したようなことも、彼女には想定内だったのだろう。「ラグビーが一番でもいい。彼女がいてもいい。それでも付き合ってほしい」。真剣なまなざしで訴える彼女に、若かった私の心はたちまち傾いていった。

一人とはなかなか会えないんだし、もう一人はそれでもいいと言っているのなら、そのまま二人と付き合えばいい。そう言った友人もいたが、私にそんな芸当ができるとは思えなかった。意を決して高校時代からの彼女に会いに行った。そして、好きな人ができた、と伝えた。本当に胸の痛い時間だった。ラグビーでもあれほどきつい思いをしたことはない。彼女は泣きながら「別れたくない」とつぶやいていた。ただ、私にはどうすることもできなかった。

高校時代、大学時代、それぞれ付き合ってくれた彼女たちには本当に感謝している。ともに過ごした時間はわずかでも、私にとっては、人を好きになることを教わった貴重な時間だった。支えてもらったし、楽しませてもらった。映画や本やファッション、世間の話題にもまるで疎く、口を開けばラグビーのことしか出てこないこんな男に、よく飽きずに付き合ってくれたと思う。そして、申し訳なかったと思うのは、どんなに好きな彼女がいても、私には常に、ラグビーが一番だったということだ。

第四章　桜のジャージと七人制ラグビー

私の初めての桜のジャージ、つまり日本代表入りは、大学一年終りの春のことだった。

一九八八年二月、日本代表の強化試合を兼ねた三地域対抗試合が組まれ、私は関東代表に選出されて出場した。対戦するのは、九州代表と関西代表、そして日本代表だ。代表の強化試合と位置づけられてはいたが、代表以外の地域選抜の選手にとっては、代表入りをアピールする大きなチャンスでもあった。ここで私が所属する関東代表は日本代表と五分に戦い、２２対２２の引き分けに持ち込む。

これは、大きな自信になった。当時の日本代表の実力はともかく、日本でトップのチームと互角に渡りあえたことは、ここに入っても十分やれるという感触を得ることができたからだ。

そしてその直後に代表の合宿に招集される。それが七人制の日本代表だった。

七人制については、ある程度の知識はあったが、それまで実際にプレーしたことはなかった。しかも日本には七人制専門のチームはなく、指導者もいなかった。だから合宿では、それまでに七人制の大会に出場して経験のある先輩が、指導してくれた。

そこでまず感じたのは、七人制は自分にとって、より力を発揮できる競技だということだった。一五人制と七人制の大きな違いは、人数と時間だ。一五人制は、前後半四〇分の合計八〇分で行われるが、七人制は前後半各七分の一四分で試合は終わる。それ以外は、ルールなどに多少の違いはあるが、ほぼ一五人制と同じだ。

つまり、同じ広さのグランドで、半分以下の人数で戦うわけだから、選手一人の責任スペースが広くなる。そうなると、ボールを支配している方が圧倒的に有利になり、ボール回しが多くなってくる。ここが私にとって、何より魅力的に映った。おもしろい！　そう思った。

当時の一五人制ラグビーは、キックを多用して陣地を獲得する戦術が常識とされ、現在と比べると、フォワードからボールを左右に展開することは圧倒的に少なかった。だからウイングまでボールが回ってきて、そこからディフェンスを突破するというケースはそう多くはなく、ときにはウイングである私が一度もボールに触ることなくノーサイドの笛を聞くことさえあった。

それに対して七人制ではボールに触れる機会が断然多く、それはつまり私のスピードを存分に生かせることになるのだった。同じラグビーでありながら、個々の選手に求められるものは一五人制と大きく変わり、別の競技であるといっても差し支えないと私は思う。

合宿後の大会が、三月二六日と二七日に行われた、第一三回香港七人制大会だった。当時、世界の七人制ラグビーの中心が香港だった。世界中のラグビーのスーパースターが出場し、それを観るために世界中から観客が集まった。大会の二日間、香港の街は、ラグビー一色になる。この年も、ニュージーランドの元主将のデイヴィッド・カーク、クレイグ・グリーン、ジョン・カーワンなど、ワールドカップで活躍した各国の代表選手が数多く出場していた。

日本は予選Eグループで、オーストラリアとデュバイ・エグザイルスと対戦した。初戦のオーストラリア戦。私の正面のポジションで相対するのは、デイヴィッド・キャンピージという一五人制でもオーストラリア代表のスーパースターだった。この対戦で私は、世界との差をまざまざと見せつけられる。ステップ、間合い、タックル、どの点においても技術のレベルが違っていた。「これが世界なのか」。ディフェンスする私を軽々抜いたデイヴィッド・キャンピージを追いかけながら、そう思った。

一方で私にとっての収穫も大きく、それは、自分のスピードは世界に出ても十分武器になるということだった。ただし、そのスピードも、スキルの差を埋めることにはならなかった。0対32でゲームは大敗を喫する。

グループ二位のチームで争われるトーナメントの一回戦、相手は西サモアだった。このチームの身体能力には驚かされた。高校時代に、ニュージーランド遠征でトゥイガマラという選手と相対して筋力と瞬発力の違いに驚いたが、西サモアは、そのトゥイガマラが七人いるようなチームだった。

沸騰したお湯に入れたソーセージがぱんぱんになるような、そんな筋肉の塊が七人。しかもノーバインドで私の胸元に飛んでくる。バインドというのは相手を捕まえることで、肩からぶつかっていくノーバインドタックルは、現在では反則になるが、当時は下半身へのタックルならノーバインドも認められていた。

こちらがスピードに乗ってきたところに、ノーバインドで矢のように人間が飛んでくる。これはショッキングな光景だった。「こいつらには、戦いで人を狩っていた頃のDNAがまだあるのか」と思った。冗談ではなく、身長の低い自分が、あのタックルをまともにくらったら、ラグビー人生どころか、命さえ落としかねない。そう感じて恐怖を憶えた。結果は12対24で敗退。

翌四月の二日と三日には、シドニーで開かれた第三回NSW七人制大会に出場する。予選Bプールで戦ったのは、スコットランド、スペイン、そしてまたもやオーストラリアだった。ここでの大きな成果はスコットランドに16対12で勝利したことだったが、スペインには0対20で負け、オーストラリアには0対42と二大会連続の大敗だった。

この二つの大会で、自分が納得するプレーはほとんどさせてもらえなかったが、デイヴィッド・キャンピージと競えたことは本当に幸運だったし、勉強になった。スピードは通用するが、私にはまだまだ磨かなければならない技術が山ほどあることを教えてもらった。

たぶんこの時期だったと思うが、驚くことがもう一つあった。それは『ラグビーマガジン』の表紙に、自分が載ったことだった。当時の日本のスーパースターといえば平尾誠二さんで、『ラグビーマガジン』の表紙になるのは、そういう日本を代表するような人だと思っていたから、いくら代表に選ばれたとはいえ大学二年生の私がそのように扱われるとは、考えてもみなかった。

合宿所で誰かに教えられ、書店に走ると、平台に積まれた『ラグビーマガジン』に、紫紺のジャージの自分がいた。嬉しくて、少し恥ずかしくて、でもやはり嬉しくてすぐに母に電話をかけた。

そしてこの二年生の夏、菅平で行われた日本代表のセレクション合宿に招集された。一五人制の代表が選ばれる合宿だが、ここでは選ばれる自信は十分にあった。七人制の世界大会に出場したことで、国内でのポジション争いなら、誰にも負けない手ごたえを感じていた。

私の初キャップのゲームは、一九八八年一〇月一日。オックスフォード大学の来日ツアーの一戦だった。キャップというのは代表チームの一員としてテストマッチ（国際試合）に出場した選手に与えられるもので、実際に小さなキャップ（帽子）が協会から与えられる。

キャップ戦は、基本的にはテストマッチが対象となるのだが、このオックスフォード大学戦のように、まれに国の代表同士でなくても、キャップ対象になることがある。その理由は、オックスフォード大学のメンバーに、代表クラスの選手が何人も入っていたからだ。ニュージーランド代表のデイビッド・カーク、オーストラリア代表のトロイ・コーカー、ブライアン・スミス、イアン・ウイリアムスなど、世界のトップクラスの選手が留学生としてオックスフォード大学にいた。

秩父宮ラグビー場の改装オープンを記念しての、日本代表とオックスフォード大学との招待試合。初キャップの緊張はなかった。それより自分の目の前に、オーストラリア代表のエースであるイアン・ウイリアムスが立っていることに興奮した。びびったと言ってもいい。何しろ、そういう世界のトップ選手に憧れてトレーニングを重ねてきた自分が、ついにそういう選手と相対する場面に遭遇したわけだから。ちなみに、当時、日本代表は、オーストラリアともニュージーランドともテストマッチを組ませてもらえなかった。レベルが違いすぎていて、相手にしてもらえなかったのだ。だが、オックスフォード大学にはトップレベルの選手が留学していた。私の初代表のゲームに、対面にイアン・ウイリアムスがいる。こんなラッキーなことはそうあるものではない。

そしてそのイアン・ウイリアムスに、とてつもないものを見せつけられる。22メートルラインの手前で日本がボールを持っていて、ラインブレイク（ディフェンスラインを攻撃陣が崩してしまうこと）したときだった。私をマークしていたイアン・ウイリアムスの、そのマークが一瞬ずれた。もしかしたら、私を見失ったのかもしれない。そのときに、ボールをキープしていたフルバックの向井昭吾さんから絶好のパスがきた。ボールを受けた私をイアン・ウイリアムスの目がとらえたときには、私はすでに彼を抜いていた。「もらった！」。あとはコーナーフラッグめがけて一直線だ。

ゴールラインまであと一〇メートル。トライを確信したそのときだった。不意にバランスを崩し、私は転倒していた。一瞬、何が起こったのかまったくわからなかった。なぜ自分は転んだんだ？　それがアンクルタックルだった。

タックルは、ボールを持つ相手を両手でつかまえにいくのが基本だが、完全に抜かれた場合、後ろから追いかけて、前を走る相手の後ろ足が浮いたところを、その足首を狙って手ではらう。これがアンクルタックルだ。いまではアンクルタックルをする選手は日本にもいるが、当時そんなタックルを身に付けたプレーヤーは存在しておらず、世界のトップレベルの技術だったのだ。

いくらワールドカップで優勝を争ったメンバーがいるとしても、相手の大半は大学生。日本を代表するチームが簡単に負けてはいけないという気持ちで臨んだが、前半は0対17で圧倒された。後半こそ12対6で巻き返したが、やはり力の差は歴然だった。

春の七人制大会でのデイヴィッド・キャンピージと同様、このときもイアン・ウイリアムスに教わったものは大きかった。彼らが、本当の意味で私の目を世界に向けさせてくれた。たとえ将来ワールドカップに出場できたとしても、彼らを超えなければトライを奪うことはできない。イアン・ウイリアムスを超える。これが私の新たな基準になり、トレーニングを重ねていく上でのモチベーションになった。

関東大学対抗戦も半ばにさしかかった一九八八年一一月、日本代表に招集されて第一一回アジア大会に参加した。長くアジアの盟主として君臨してきた日本だったが、前回の大会では決勝で韓国に敗れ、その座を明け渡していた。だからこの大会は、優勝奪還が至上命令だった。

予選Bプールでは、シンガポールに82対0、タイに108対7と大勝したが、私が欠場した台湾戦は20対19と冷や汗をかくようなゲームで、韓国以外にも急成長をしているアジアの国があることを思い知らされた。そして韓国との決勝戦。前半こそ私もトライを奪い、10対6でリードしたが、後半はスクラムもボールも支配され、13対13のまま引き分けに持ち込めるかと思ったインジャリータイムにトライを許してしまった。最終的に13対17。この敗戦は、「悔しい」という言葉を越えて、ショックだった。

衝撃的だったのは、韓国のフォワード。スクラムにおいて、日本のフォワードが、韓国フォワードにあれほど圧され、つぶされる光景を見たのは初めてだった。そうなると、おのずとボールは支配されてしまう。さらにはバックスのスピードにも驚かされた。これが韓国のバックスなのか、と。韓国は、スクラムで五分以上に持ち込み、ボールの支配率を上げてバックスに展開する。キックで前進するのではなく、ボールを確実に回して相手ディフェンスを突破する。そのためにバックスを強化する。これはまさに、世界の潮流を察知したチームづくりで、この点において、日本は一歩も二歩も遅れを取っていると感じた。この敗戦で一九八七年から日本代表を率いてきた日比野弘監督は辞任し、宿澤広朗監督が新たな日本代表を鍛え上げることになる。

この年の関東大学対抗戦は、日本代表に招集されたために三試合を欠場したが、チームは慶應義塾大学に一敗を喫しただけで、最終戦の早明戦に16対15で勝利して優勝を決めた。

一九八九年一月一〇日。国立競技場での全国大学選手権、決勝。相手は二年ぶりの優勝を狙う、大東文化大学だった。日本代表のナンバー8《エイト》、シナリ・ラトゥを中心とした、大型フォワードを擁する大東大と重戦車の明治。重量フォワードのぶつかり合いから、どのようにボールコントロールができるかが鍵になると思っていた。明治が押しているように思えたが、大東大の集中力は切れることなく、結局13対13の引き分けで、両校優勝となった。しかし、この年から採用された、「同点の場合、トライ数の多い方が日本選手権の出場権を得る」というルールで、日本選手権を逃すことになった。トライ数は、明治1に対し、大東大は2だった。

大学三年生の春シーズンは、香港七人制大会でスタートした。前年は、私にとって初めての招集に加え、初めての七人制大会出場で戸惑うこともあったが、この年は思うようにプレーできた。グループトーナメントでは、またしてもオーストラリアと同じ組に入り、4対32で負けはしたが、二位通過のチームで行われるプレートチャンピオンシップでは、韓国を12対10、パプアニューギニアを20対12で破り、決勝進出を果たす。決勝戦は14対32でトンガに敗れたのだが、得点差ほどに力の差を感じなかった。近いか遠いかは別にして、いつかは、世界のトップクラスのチームと互角に戦えるかもしれない。そんな希望が見えた大会だった。

そして五月。宿澤ジャパンの初召集。宿澤監督の言葉は「勝つチームをつくる」だった。世界を相手に善戦するのではない。どの試合も、たとえ日本がそれまでに勝ったことのない相手にも勝ちにいく。これはつまり、日本のラグビースタイルが変わるのだと、私は理解した。押し負けない強いフォワード、そして確実にボールを回してトライを奪えるバックスを育てる。つまり、「最後は吉田、お前だ」と、そう言われたように感じた。

アジア大会で韓国に連覇を許し、このままでは韓国にさえ置いて行かれると感じたのは、私だけではなかった。宿澤監督以下、多くの代表選手がそれをわかっていたと思う。

しかし、この合宿の直前に、私は左太腿に肉離れを起こしていた。だから合宿でも調整ばかりで、満足に練習はできていなかった。新代表チーム初のテストマッチは、目前に迫っていた。

メンバー発表の前日、宿澤監督に呼ばれた。「脚はどうだ？」。そう聞かれて、「大丈夫です」と答えた。そうとしか言いようがなかった。ただ、練習を見て、私の脚が万全でないことは、監督にもわかっていたはずだった。面談を終えたとき、今回のスターティングメンバーはないな、と思った。

だから、スターティングメンバー発表で宿澤監督に名前を呼ばれたときには、びっくりした。そして、身体が熱くなるのを感じた。満足に走れるかどうかわからない吉田義人を、それでも選んでくれたのだと思うと、本当に嬉しかった、そして、恩返しはゲームでするしかないと思った。

新代表チーム初のテストマッチは、日本が招いたスコットランド代表戦だった。主力の何人かを全英チームのオーストラリア遠征で欠いていたとはいえ、その穴を埋める選手は、強豪国のスコットランドにはいくらでもいた。そしてその強さを見せつけるかのように、スコットランドは関東代表、九州代表などを一蹴する。

それでも監督は言った。「スコットランドには勝てる」。それまで日本のラグビーを観てきたファンなら、この発言を笑ったかもしれない。しかし宿澤監督の「勝つ」という二文

日本代表、スコットランドに初勝利。このゲームの初トライを奪う。

字は、我々選手には十分に沁み込んでいた。

五月二八日は夏のように暑い日で、秩父宮ラグビー場はファンの熱気に包まれていた。日本が勝つために監督から与えられた課題は、サイド攻撃を止める、ということだった。それは、開始早々から忠実に守られていた。積極的に間合いを詰め、すぐさまタックルに行って相手の攻撃を寸断する。その激しいディフェンスがスコットランドのペナルティーを呼び、前半に二つのペナルティーゴールで日本代表が六点をリードした。

その直後、ラインアウトのボールが味方側に出た。それがグランド中央の平尾誠二キャプテンに渡った瞬間、私は走り出した。そして、その私のスタートが平尾キャプテンの視界に入ったことを確信した。ボールが味方の一人を飛ばして私の胸に来たとき、私はトップスピードに乗っていた。その勢いのままディフェンスの間を抜いた。残りのディフェンスは、右から追いかけてくる一人と正面で待ち構えるフルバックだった。このときの私の頭には、トライしかなかった。ただし左太腿への負担を考えると、フルバックとの接触は避けたかった。

22メートルライン付近。私を捕まえようと低い姿勢で待ち構える相手の頭上にショートパントを蹴った。ボールは狙い通り、無人のゴールライン手前でバウンドした。一直線に走り込み、ボールを再びつかんで飛び込んだところがゴールラインだった。忘れもしない、日本代表の初トライ！　それは、どうしても取りたかった、宿澤監督への恩返しのトライでもあった。
後半、スコットランドに追い上げられはしたが、全員の激しいタックルで1トライに抑え、28対24で勝利する。IRB（国際ラグビーボード、現在はワールドラグビー）加盟国から日本が初めて奪った、歴史的な一勝だった。

大学三年生の秋のシーズンは、日本代表のカナダ遠征があったために、関東大学対抗戦を初戦から四試合欠場した。その間、明治大学は全勝していたが、一一月は昨年に続いて慶應大に敗れ、一二月三日の国立での早明戦も15対28と大差をつけられて敗戦を喫する。

さらに、挽回を誓った大学選手権も、大阪体育大に一回戦で負け、シーズンを終えることになってしまった。この年の明治は、才能豊かな選手が揃っているにもかかわらず、どこかまとまりが欠けていて、力を出し切れなかったように思う。

その日は突然訪れた。それは四年生を送り出し、一年を締めくくる納会の日のことだった。北島忠治監督が唐突に口を開き、こう言った。
「次のキャプテンは、吉田」
この時期の新キャプテンの発表は異例だったし、何よりそれに驚いたのは私だった。打診も面談もなく、心の準備も何もなかった。

私には中学でも高校でもキャプテンの経験はない。さらに言うと、明治の同期生には、中学高校時代にキャプテンだった選手がいくらでもいた。だから、自分がキャプテンという発想は露ほどもなかった。

でも北島監督は、私を指名したのだった。「本当に俺でいいのか」。束の間、そう考えていたが、疑問の声を出せるような場面ではなかった。後になって思ったのだが、納会という早い時期での発表といい、一切の打診もなかったことというのは、ずっと前から、北島監督は決められていたのではないかということだ。もしかしたら、入学前に監督のブレザーをいただいたときからすでに。

いつまでも驚いているわけにはいかなかった。すぐに気持ちを切り替えて覚悟を決めた。一年生から三年生まで、三人のキャプテンに率いられ、その姿を見てきた。チームのまとめ方も練習内容も三人三様だったが、それらの長所は受け継いでいくつもりだった。だが、それより何より、練習をしっかりした年に成績が良かったのは明らかだった。それはもっともなことで、明治ラグビー部は、全国から選ばれた才能集団だ。その才能をさらに高め、ゲームで発揮していくには練習しかない。選手個人が意識を持って内容の濃い練習を重ねていけば、結果は自ずとついてくるはずだった。

新一年生が入学し、一年から四年まで全員が揃ったところで私は宣言した。

「ジュニア選手権、対抗戦、大学選手権、そして日本選手権、この四つを獲る！」

ジュニア選手権は、準レギュラー組の大会だが、前年は優勝を逃していた。そして私はこう続けた。

「ここにいるみんなが強い明治に入ってきたのは、大学日本一になりたいという目標があったからではないのか。それはもちろん自分も同じで、日本一になりたい。だったら、練習しかないと思う。いま一度、日本一を意識して、練習しようではないか。もし、いまさらきつい練習が嫌だとか、彼女との時間が大事だとか、そういうやつがいたら無理に練習に来なくていい」

どう考えても、早稲田から王座を奪い返すには、練習しかないのだから。

大学三冠を獲る、そして日本選手権も。この宣言に、みな一様に驚いたような表情をしていた。つまり、それが目標であることは暗黙の了解のようになっていて、それまでの三年間、誰からも声にして聞いたことはなかった。だからこそ敢えて口に出した私が新鮮に映ったのだと思う。

「とことん練習するぞ。約束してくれ」

一〇〇人もの部員をまとめていくことが、いかに容易でないかを想像すると、背中に重い重い荷物を背負わされたような気分になった。しかし、その荷物を下ろして逃げ出すわけにはいかない。

キャプテンを任されて、まず何から手を着けていこうかと考えたとき、やはり想いは北島監督にたどりつく。北島監督は、常に学生の自主性を尊重し、その結果、学生が自律して人として成長することをのぞまれていた。つまり我々学生は、その自主性をもてあそぶのではなく、自律していくために考えて、ときには勇気を持って何かを変え、その責任を取ることまで求められているのだと私は考えた。これをまず、バイスキャプテンをはじめ、四年生全員の共通認識にしなければならないと思った。

ある日、二人のバイスキャプテンに部屋に来てもらった。まずは三人で話したかった。ところが、部屋には下級生がいる。

「悪いけど、ちょっとはずしてもらえるかな」

そう言って部屋の下級生に出て行ってもらったのだが、そのときふと思った。これからバイスキャプテンたちとのミーティングは頻繁になるはずで、そのたびに部屋の下級生を追い出すのは申し訳ない。しかもそう言われて出て行った彼らは、部屋での会談に興味津々なはずで、余計な憶測を噂にしてほしくなかった。

「いつでも遠慮なくミーティングができる部屋があればいいのに……」

合宿所に一部屋だけ、開かずの間があった。私が入学して三年間、そこは鍵がかかったままで、幽霊が出るという噂もあり、誰も開けようとはしなかった。

寮母さんに尋ねると、二〇年近くも前に卒業したラグビー部の先輩が、卒業したにもかかわらずその部屋に住み続け、ついには監督に追い出されて、それ以来誰も入っていないということだった。その人の下の名前は「ツネオ」といい、だからその開かずの間は「ツネちゃん部屋」と呼ばれていたのだった。

運の悪い一年生五人を従え、寮母さんに鍵を借りて「ツネちゃん部屋」に向かった。鍵は私が開けた。ドアをゆっくり開くと、湿った、古い空気の匂いがした。そこは六畳ほどの細長いカーペット敷きの部屋で、一歩入ると埃が舞った。電気は点かず、窓を開けて光を入れた。

古い衣装箪笥、卓袱台と座布団、そこにはたしかに生活の空気が残っていたが、どれも埃をかぶり、部屋のあちこちに蜘蛛の巣がかかっていた。少々気味悪いとは思ったが、私が怖気づいているわけにはいかない。「さあ、やるぞ！」。気の進まなそうな一年生をけしかけ、一緒に大掃除をした。

部屋にあったすべてを外に出し、壁も床も雑巾をかけて電球も代えると、きれいな物置のようになった。こうして「ツネちゃん部屋」は、新たなミーティングルームになった。

北島忠治監督は、優れたラグビーの指導者であっただけでなく、真の教育者でもあった。その教育の根本は、ラグビーを通して人として成長し、いずれ社会に出たときに、そこで貢献できる人間にならなければいけない、ということだ。だからこそ練習方法も、合宿所の運営にも口は出さず、学生に任せているのだ。そして、その監督が私をリーダーに選んだのなら、この一年間、それに応えるのがキャプテンとしての使命だと思った。

自主自立。このことを考えに考えて、四年生全員を集めた。

「俺たちは、勝ちたい。対抗戦でも、選手権でも。だけど、どの大学もそう思って、必死に練習しているはずだ。極限まで追い込んで。ならば、何が勝敗を分けるのかを俺なりに考えてみた。それは、自分に負けない人間であるかどうかだと思う。俺の中にも弱い吉田義人がいる。無精で楽をしたい吉田義人がいる。だけど、そいつに負けていたら、いまの俺はなかったはずだ。自分に勝った自信こそが、ゲームでも、やがて社会に出た後でも、修羅場をくぐり抜ける原動力になるんだと思う。そしてそれこそが、監督がいう『前へ、前へ』ということじゃないだろうか。だったらまず、俺たち四年生が自立して、率先垂範《そっせんすいはん》し、自分たちの甘い部分を克服して、下級生の模範にならなきゃいけない。彼らは絶対にそういうところを見てるはずだし、そうでなきゃ尊敬もされない」

私はこう話し、ラグビーの前に、合宿所の生活から見直すことを提案した。

前にも述べたが、この時代の体育会ラグビー部には、驚くべき階級制があり、一年生は奴隷、四年生は神様と位置付けられていた。そこには、単なる厳しい上下関係だけでなく、不思議とも言える理不尽な伝統がそこかしこにあった。

まずは洗濯。一年生は練習後、それぞれの部屋の上級生が使用した練習着をまとめて、洗濯場で洗うことになっていた。洗濯機の台数も少なく、効率を考えればそれは仕方ないと思っていた。ところがその洗濯物の中に、練習以外で使った下着や靴下を入れている上級生がいた。これは違うだろう。練習着やジャージはともかく、プライベートのものは自分で洗うべきだ、と提案した。何から何まで一年生にやらせて、どこが自律なのかと思ったからだった。

一年生のときから、まるで理解できなかったことのひとつに、起床の儀式があった。三階建ての合宿所の一階の食堂には、全館に音を響かせるベルがあった。起床時間の少し前になると、四人の一年生が配置に着く。一人はベルを押す係。二人目は一階の廊下に立つ。三人目は、一階と二階の階段の真ん中。そして、四人目は二階と三階の階段の真ん中。

時間になると、まず、二階と三階の間にいる一年生が低く小さな声で「きしょーーーーー」と息が続くまで言う。その息が途切れる寸前に、一階と二階の間にいる一年生が「きしょーーーー」と引き継ぐ。さらにその息が途切れそうなるのを待って一階の廊下に待機する一年生が「きしょーーーー」と続ける。そしてそれが終わるのと同時に、食堂の一年生はベルを押さなければならないのだ。しかも、その三人の声が途切れたりすると罰則、「絞り」の命令が下る。

いきなりベルの大きな音で、四年生を驚かせてはいけない、ということから始まったことらしいが、誰かに起こされなければ一日が始まらないようでは、ゲームでのタイムマネージメントはできないはずだと思った。各自目覚まし時計を用意して、自分で起きろ、ということにした。

合宿所の食堂に、ピンク色の公衆電話が二台あった。携帯電話のない時代。外部とつながる唯一の手段が、このピンク電話だった。ここにもおかしな決まりがあった。まず、電話に出るのは一年生二人の電話当番の仕事で、呼び出し音は三回以内に受話器を取らなければならない。その電話当番が上級生のお使いなどでいないときは、洗濯場にいる一年生が出ることになっていた。しかも電話に一番近い入口は、なぜか一年生は通ってはいけないことになっている。だから洗濯場にいる一年生は常に耳を澄ませ、電話が鳴った途端に走り出せるように身構えていた。そして実際に電話が鳴ると、電話から遠い入口から食堂に入り、障害物競争のように椅子を飛び越えて一目散に電話機に駆け寄る。呼び出し音が四回以上鳴れば、もちろん罰則だ。

そして受話器を取ると、大声の早口でこう言う。「はい！　こちら明治大学ラグビー部合宿所です！」

この声が小さいと、やっぱり「絞り」。気合を入れて電話をとれ、と言われていたが、初めて電話をかけてきた相手は、びっくりしたことだろうと思う。いきなり耳元で「はい！　こちら明治大学ラグビー部合宿所です！」と早口で叫ばれるのだから。

電話については、まだある。それが四年生にかかってきた電話で、さらにその四年生が昼寝でもしていようものなら、もう最悪だ。一年生は基本的に四年生に声を掛けてはならない。四年生に何かを言われ、それに応えるときのみ、声を出していいことになっている。つまり、電話を取り次がなくてはならない四年生が昼寝中でも、声を掛けて起こしてはいけないのだ。まして、身体に触れて起こすなど、論外だ。ならばどうするのか。自然に起きていただくしかない。それにはいろいろテクニックがあり、例えば布団の端を軽く持ち上げてパタンと落とす。例えば、掛けている毛布を軽くずらす。例えば団扇で足元に風を送る。つまり、そばに誰かがいる気配を作り出す。そんなふうにして、「起こされた」とは認識せずに、気持ちよく目を覚ましてもらわなくてはならない。そこに一年生が物言いたげに座っていると、「おっ、何だ？」ということになり、初めて「〇〇先輩、お電話です」と取り次ぐことができるのだ。

要は神様の気分を害してはならない、ということなのだが、電話をかけてきた人はその間何分も待たされているのだ。

普通にやろうよ。呼び出し音も三回以内じゃなくていいから、すみやかに出ればいい。受話器を取ったら、怒鳴るのではなく普通の声ではっきりと「はい。こちら、明治大学ラグビー部合宿所です」と言えばいい。取り次ぐ場合も、それが何年生であろうとすみやかに部屋に行き、失礼しますと言って部屋に入り、入口で「○○先輩、○○様からお電話です」と声を掛ける。これでどんな不都合があるというのか。

ちなみに、先ほどから出ている「絞り」。気づいている読者の方もいることと思うが、「しごき」のことだ。当時はそんなことがまかり通っていて、どんな小さな失敗にも「絞り」がついてきた。反省を促すという名目で、四年生は三年生に注意し、それを受けて三年生は二年生を説教する。二年生は一年生を絞る。具体的には、倒れるまで走らされる。反吐を吐くまで走らされる。しゃがみ込むと蹴りが飛んでくる。腕立て五〇〇回というのもあった。途中で身体を持ち上げられなくなり、頭だけ上げると、「上げろ！　腕を伸ばせ！」と、やはり蹴りがくる。でも蹴られると地べたに身体を着けるので、それで「ちょっと休めた」と喜んでしまうようなおかしなことも起こった。

ときに「大絞り」というのがあり、これは本当にきつかった。なにしろ「絞り」が三日間続くのだ。これに耐えられず、逃げ出した部員もいた。

四年生になると、自分たちはそういったさまざまな理不尽を耐え抜いたという自負も生まれ、だからこそ与えられた特権を享受できるのだという考えも生まれる。でも、そんな儀式めいた決まりで、どう成長できるのか。「絞り」で反省が生まれるのか。私には、はなはだ疑問だったし、そのことを四年生に伝えた。

キャプテンの権限で何かを決定し、それに従わせるということはしなかった。もしそれが可能でも、そんな決定が守られるのは、うわべだけにすぎない。まずはバイスキャプテンに相談し、そこで方向が見えたら、四年生全員に話す。そして、異議があったら、その場で言ってほしいと伝えた。できれば全員に納得してもらいたかったし、不承不承でも賛成したのなら、後で文句は言わせたくなかった。

合宿所におけるさまざまな決まり事は、伝統といえば伝統かもしれなかった。しかし、それらがどういった経緯で引き継がれてきたにせよ、悪しき伝統も存在した。私はあらゆる決まり事を見直そうとしたわけではない。ただ、どう考えても誰のためにもならず、自主性を阻害するような伝統もあった。それを変えることは、きっと部員が考えて行動することにつながるはずで、ゲームにも影響が出るはずだと思った。すべてのことが四年生の全員一致というわけにはいかなかったが、最終的には理解を得た。「絞り」も廃止した。

第五章　第二回ラグビーワールドカップ

大学四年生のシーズンは日本代表の試合で始まった。第二回ワールドカップ・アジア太平洋地区予選に招集されたのだった。一九八七年の第一回ラグビーワールドカップは、日本は招待国として参加したが三戦全敗。大学一年の私は、いつかあんな場所に身を置くことができたら、と、ただ憧れをもって見ていた。そのワールドカップが、現実のものとして目前にあった。

アジア太平洋地区予選は、韓国、トンガ、西サモア、そして日本の四か国が総当たりで戦い、上位二か国が本大会に進めることになっていた。参加四か国の中では西サモアが頭一つ抜けていて、実質的には残りの三か国でもう一つの出場枠を争う形だった。日本代表は宿澤監督となってスコットランドに初勝利して以来、カナダ遠征やフィジー代表とのテストマッチを経て、着実に力をつけていた。チーム内にも、「ワールドカップに行けるかもしれない」というより「絶対に行くんだ」という空気があった。

一九九〇年四月八日、秩父宮ラグビー場。初戦の相手はトンガ。日本の攻める姿勢がプレーの随所に出たゲームで、終始優勢に展開し、28対16で初戦を突破する。そして一一日の韓国戦。韓国は初戦の西サモア戦で大敗していたが、そこでは無理をせずに力を温存して、日本戦に照準を合わせたかのようでもあった。

開始直後から激しい攻撃を見せた韓国で、前半の半ばで0対10とリードされたが、我々に焦りはなかった。私自身もよくゲームが見えていた。いくら力を付けてきた韓国とはいえ、一対一なら絶対に負けない。浮足立たなければ、必ずチャンスはくる。そう思った矢先のフルバック細川隆弘さんのトライ。続いて後半、私のトライで同点にした。ついにワールドカップが見えてきた。韓国の必死の攻めも、我々の勝利への執念を超えることはできなかった。26対10。逆転でつかんだワールドカップ出場だった。

最終戦の対西サモアは、戦前の予想通りパワーで押され、11対37で負けてしまうが、この試合でも私はトライを奪い、「テストマッチ六試合連続トライ」という新記録を達成した。「これで世界と戦える」。出場権を得た充実感より、自分の力がどこまで通用するのかという、期待感の方が大きかった。

代表戦の次は、キャプテン吉田の明治の始動だった。合宿所でのさまざまな改革もあったが、ラグビー自体でも変えたいと思うことがいくつかあった。まずは、「全員が走るチームにする」ということだった。

北島監督からキャプテンに指名され、四冠を獲ると宣言した。そのために何が必要なのかをずっと考えていた。そして、ラグビーとはどんなスポーツなのかを考えた。その結果、自分なりにたどり着いた答えは、「ラグビーは一五人がボールを持って、走ってトライを奪うスポーツだ」ということだった。つまり、走らなくてもいいポジションなどない。

重戦車と呼ばれた明治のフォワードだったが、他大学もフォワードに重量級を揃えるようになっていて、重量フォワードだけでは通用しなくなる日もそう遠くないと感じていた。アジア大会やワールドカップ予選などを見ても、あらゆるポジションに走力が求められているのは明らかだった。

「走ってくれ」私はフォワード陣に頼んだ。

「早稲田はみんな走るんだよ。去年の清宮キャプテンはそうやって強いチームを作り上げ、大学選手権まで勝ち上がったんだ。その早稲田に勝つつもりなら、いままで通りでいいはずがない。もしうちの重量フォワードが同じように走ったら、やっぱり大きい方が勝るはずだ。だから、走ってくれ」

キャプテンの指示というだけでは、走力をアップさせるトレーニングは身にはならない。だから、私も一緒に走った。一緒にというより、先頭に立って走った。言い出した者が姿勢を見せないと、誰もついて来てはくれない。

ただ、私は短距離スプリンターであり、彼らと走り込むと筋肉の質が変わってしまうのはわかっていた。正直なところ、私自身のことだけを考えれば、長い時間は走りたくはなかった。しかしフォワード陣を強化するためには、そんなことは言っていられなかった。

五月に入って、オープン戦が始まった。その中の専修大学との試合でのことだった。ボールを持った敵のフランカーにタックルにいった。体重が一〇〇キロ近い大型のフランカーだったが、私のタックルは相手の両脚をとらえていた。ところが次の瞬間、思いもよらないことが起こった。相手の膝が、私の左肩に落ちてきたのだ。それまでさまざまな痛みを経験してきていたが、それらの中でも最も激しい痛みだった。

右肩脱臼。夏合宿までの長期の戦線離脱を余儀なくされた。

当時は相当悔しい想いをしたが、後になってみれば、キャプテンという立場でチームを客観的に見ることのできた、貴重な三か月でもあった。チームの練習や試合をじっくり見ることができ、じっくり考えて次の練習に活かすことができたと思う。

押し付けるより、キャプテン自らが率先してやった方がみんなは必ず付いてきてくれる。そう思って実践したことに、練習前のトレーニングがあった。

実は三年生で怪我をしたとき、ある人の紹介でトレーナーに診てもらったことがある。

「君が吉田君？　日本ラグビーのエースの？」。いきなりそう言われて少しいい気になっていたが、そのあとの言葉はショックだった。

「全然だめだね、この身体」

「これじゃあ、怪我するよ」

説明では、いい筋肉はついてはいるが、体幹がまるでできていない、ということだった。

「オリンピックで、世界で戦っているような選手は、こんな身体はしていないよ。とにかく体幹をきたえなきゃ」

　続けてそのトレーナーはこう言った。

「金メダルを獲るような人たち、腹筋なら一日一〇〇〇回はやるよ、普通に」

　当時、毎日三〇〇回は腹筋運動をしていて、十分に多い方だと思っていたが、普通に一〇〇〇回と言われたのは衝撃だった。それ以来、私の腹筋運動は一一〇〇回になった。

それを、キャプテンになってからは練習前にすることにした。

　それまでは一四時からの練習が伝統であったが、練習開始は一三時三〇分にした。これは試合（対抗戦）がある日のウォームアップ開始時間に合わせた。みんなはそれまでにグランドに出てくればいいということになっていたが、私はさっさと昼食を済ませ、その一時間半前にウエイトルームに入った。そこで、黙々と腹筋を一〇〇〇回。ほぼ一時間、月曜日と試合当日以外毎日。そして私は、練習時間の三〇分前にはすぐにでも動ける状態でグランドに出る。

　最初のうちは「キャプテンは何をしてるんだ？」とみんなが不思議がっていたらしい。やがて私が腹筋運動をし、体幹運動をし、練習に備える準備をしていることが知れ渡ると、徐々にチームの意識も変わっていった。

　そしていつしか、練習時間ぎりぎりにグランドに来る者はいなくなった。三〇分前にはグランドに出て、それぞれがそれぞれのやり方でアップをするようになった。「練習開始時間」というのは集合の時間ではなく、文字通りその時間に練習を開始する、ということで、当たり前といえば当たり前なのだが、その当たり前のことができなくなっていることもよくある。そのいちいちを説明する必要はない。そもそも、全員がわかっていることなのだから、気づいてくれさえすればいい。

練習方法の次の課題は、レギュラーポジションだった。何度も述べてきたが、北島監督はとにかく学生たちに任せるスタンスで、ポジションについてもほとんど何もおっしゃることはなかった。ゲームのメンバーこそ監督が決定するのだが、誰がどのポジションを想定して練習するかは、自分たちで考えるよりなかった。

どの部員も中学や高校からラグビー選手として活躍してきたわけだから、それぞれ戦っ

日本代表合宿の菅平にて。ここにも熱心なファンが来てくれていた。

てきたポジションがある。ところが四学年、一〇〇人も部員がいると、当然ポジションが重なることがある。それがこの年のナンバー8《エイト》だった。レギュラー候補には、四年生の富岡洋、三年生の小村淳、さらに三年生の佐藤久富がいて、いずれも才能ある選手で、彼らのうちの二人をベンチに置くのはあまりにもったいなく思えた。

　そこでバイスキャプテンと相談し、狭いところを突き進んでいくことを得意とする佐藤をブラインドフランカー（6番）に、広いエリアをカバーできる小村をオープンフランカー（7番）にコンバートした。

　バックスは、私を除いて総入れ替えだった。元々フルバックだった二年生の永友洋司をスクラムハーフ（9番）に移し、少々不器用であったが人一倍馬力のあった三年生の小杉山英克をフルバック（15番）に回した。センターバック（12番、13番）には一年生の元木由記雄と二年生の岡安倫朗、右ウイング（14番）は四年生の丹羽政彦が頭角を現してきていた。

　私が皆の適材適所を考えるにあたって、最も重視するのは身体能力だ。それまでのキャリアは、そのチームにおいて最善とされてきたからであって、それほど重要なことではない。体格、スピード、瞬発力、タックル力、さまざまな角度から選手の身体能力を見極め、チームがどう機能するかを考える。その結果がこの年のコンバートだったが、もちろん一人で決めたわけではない。バイスキャプテンや四年生と相談し、寺西博ヘッドコーチにも理解していただき、最終的には本人たちと話して納得してもらった。その上で、フルバックを考えた小杉山にはキックとパス練習を徹底的にやってもらい、ハードタックラーの岡安にもパス練習をみっちり積むように指示した。

こうして新たなポジションでの練習がスタートするのだが、北島監督からも寺西ヘッドコーチからも、意見や指導は一切なかった。「お前たちが考えて決めたことだから、それを信じて前に進め。そして、責任もお前たちがとれ」。そんな北島監督の声が、司令塔から聞こえたような気がした。

グランドで北島監督に指示されたことが一度、たぶん一度だけあった。司令塔から降りた監督に呼ばれ、こう言われた。

「早く上がれ」

ハードな練習があまりに続くのを見かねての言葉だった。はたと気がついてグランドを見渡すと、あちこちにへばっている部員がいることに気づいた。

キャプテンになってから、北島監督の自宅には、よくおじゃまさせてもらった。呼ばれたわけではなく、「行っていいですか」と勝手に伺った。ただ、監督と二人になっても、何を話すでもなかった。居間に入るとテレビの正面に監督の席があり、その横の床に座る。しばらくすると台所に立った監督がお茶の入った湯呑を私の前に置き、「飲め」と一言。あとはひたすら大相撲の中継を見ていた。

私以前のキャプテンと北島監督との関わり方は知らないが、私はただこうやって監督のそばにいさせてもらった。失礼な言い方だが、おじいちゃんのそばにいて、すっかり安心している孫のようだった。会話がないので、ラグビーの話もない。でも、この監督のぬくもりを感じられる時間を味わっていたかった。

みんな本当によく走ってくれた。キャプテンである私が率先して走ったこともあるだろうが、それ以上に「明治のフォワードが走れたら、早稲田には負けない」という目的意識がしっかり浸透したのだと思う。そして五か月後の夏合宿を終える頃には、走れるフォワード集団、走れる重戦車に変わっていた。そればかりではなく、大学に入って誰もが経験したことのないハードな練習をこなしてきた部員の顔には、勝者にも似た自信のようなものがあった。

一九九〇年九月九日。キャプテンとして迎える最初で最後の関東大学対抗戦が始まった。初戦の明治学院大学に55対6で勝ち、続く青山学院大学にも順当に勝利を収めた。この二戦の内容で、部員全員が、春からやってきたことが間違いでなかったことを確信したと思う。もちろん私もそうだった。誰もそんなことは口にしなかったが、みんなの充足感に満ちた顔がそれを語っていた。明治の勢いは止まることなく、一一月一八日の日体大戦まで連勝を続けた。

途中、一〇月二一日からの一週間、スリランカで行われた第一二回アジア大会のために、私はチームを離れることになったが、その間の筑波大戦も心配することはなく、結果も32対14で勝利していた。

ちなみにアジア大会では三連勝で決勝に勝ち上がったが、その決勝戦ではまたしても韓国に敗れることになり、三大会連続の準優勝に終わってしまった。すでに次回のワールドカップ出場を決めていた日本代表チームのモチベーションは高く、予選では

キャプテンではあったが、プレーヤーとして、もっと世界の高い所を目指していた大学四年の頃。

相手を圧倒していたが、なぜか日本戦となると闘志をむきだしにしてくる韓国の気迫に圧されてしまったような気がする。

そしてついに迎えた関東大学対抗戦の最終ゲームは、待ちに待った早明戦。

前年優勝の早稲田大学はレギュラーの多くが卒業し、メンバーも大きく代わっていたが、堀越、今泉、郷田らのそうそうたるバックス陣はほぼ残っていて、新たな強いチームを作っていた。フォワードも隙がなくディフェンスがしっかりしていて、その上攻撃に移るとスピードがある。両校ともに似たチームだと感じていた。

一二月二日。明治、早稲田ともに全勝での対決に、国立競技場は六万人を超える観衆で埋まり、初冬の暖かな日差しは芝のグランドに、自分たちの長くくっきりとした影を映していた。

ゲームの大半は明治が支配していた。全員で押し、全員で走って、後半残り二分というところで24対12とリードしていた。この時点で気のゆるみがあったとは思わないが、このままでいけば勝てる、という気持ちはみんなにあったはずだ。しかし、このときの私はそれどころではなかった。実は後半二〇分過ぎから、左足のふくらはぎに肉離れを起こしていて、全力で走れる状態ではなかったのだ。キャプテンとしてグランドを去るわけにはいかない。しかし、全力のパフォーマンスが求められる場面がきたら、チームに迷惑をかける。祈るような二〇分だったことを憶えている。

後半三八分。早稲田陣から出たボールは今泉、郷田と渡り、早稲田の初トライ。ゴールキックも決められ、六点差。しかも、そのプレーでの混戦で明治の飯塚が故障退場する。そしてロスタイムに突入。センターラインからトライを取りに行くために私が蹴り込んだボールを早稲田がキープ。モールから堀越に出たボールを今泉までつながれて、結局独走を許してしまう。足が機能しなくなっていた私は今泉を全力で追いかけられず、そのトライシーンを遠くから眺めることしかできなかった。

２４対２４。両校優勝ではあったが、歓喜の早稲田にくらべ、明治はまるで敗者のようだった。

戦いの終わったグランドに、ヘッドコーチから指示がきた。「吉田、今日は何もしゃべるな」。口をつぐんでいたつもりだったが、記者に囲まれ、ついぽそっと言ってしまった。「自分の責任です」と。

その夜、四年生全員で飲みに行った。優勝の打ち上げの席のはずだったが、そんな空気ではなかった。キャプテンとして、「早稲田に勝って優勝する」という公約を果たせなかった。あれだけ厳しい練習についてきてくれた部員たちとともに、単独優勝を味わうことができなかった。そんな思いばかりがこみ上げた。

「ほんと、申し訳ない」

頭を下げ、そう声に出すと、涙が止まらなくなった。

「泣くなよ、義人。おまえの責任じゃない」

そしてそのとき、みんなの言葉が続いた。

「もう一回、早稲田とやろうぜ！」

「選手権で、絶対決勝までいって、早稲田をぶっ倒す！」

「この借りを返すんだ！」

顔を上げたとき、全員の表情に強い意志が見えた。「早稲田に勝つ！」。必死で練習に耐え、ここまでになったチームの「絆」がさらに強くなり、心底仲間たちをたのもしく感じた瞬間だった。

結局、このゲームでの七八分間、明治の部員たちは、今日はいけると思っていた。ゲームを支配していたし。キャプテンの私も、「これは勝てるんじゃないか」という思いが頭に浮かんだのは確かだった。それはおそらく部員、試合に出ていた人間たち、観戦していた人たち、みんながそう考えたと思う。それが心の隙だった。そして、最後に追いつかれた。

実力の同点ではない。その悔しさを経験したことによって、すごいチームになったと思ったのだった。

チームがもう一皮むけた。春から夏合宿、対抗戦を迎えて最終ゲームが終わるまで、キャプテンである私が部員を鼓舞し、先頭に立って引っ張らなければならないというつもりでやってきた。そして、それに部員たちがしっかり応えてくれた。

ところが最終戦の悔しい引き分けで、私の牽引役としての仕事は終わっていた。翌週からの練習で、私が何かを言う必要はなかった。やり残したこと、つまり大学選手権で決勝まで勝ち上がって、早稲田に勝つこと、このことだけを頭に、全員が黙々と練習をしていた。

一二月二三日。瑞穂ラグビー場で第二七回全国大学選手権は始まった。一回戦の相手は過去二回、大学選手権一回戦で敗れていた大阪体育大学。試合前、ロッカールームで円陣を組む。北島忠治監督の言葉はたいてい短く、「練習通りにやれ」というのが常だった。しかし、このときは違っていた。

「勝て！」

ラグビーは試合の勝ち負けではない。どれだけ人間として成長できるかが勝負だ。北島監督は常々そうおっしゃっていて、試合前に勝敗に関する言葉を聞いたことがなかっただけに驚いた。お前たちがやり残したこと、それを忘れるな、と、あらためて教えてくれたのだ。全身をめぐる血液の温度が一気に上がり、こみ上げる涙が止まらなかった。

その大体大は27対6で下したが、二回戦の京都産業大学には苦戦を強いられた。京産大は明治の重戦車に負けず劣らぬ強力フォワードを擁し、関西リーグを優勝したチームだった。しかもバックスには、日本代表チームで一緒だった前田達也がいた。その京産大戦は、年が明けた一月二日、国立競技場で行われた。

この試合に臨むにあたって不安材料があった。それは、レギュラーの両プロップ（1番、3番）の佐藤豪一と飯塚淳を負傷で欠いていたことだった。第一列の三人のうち二人のレギュラーが出場できないとあって、フッカー（2番）でバイスキャプテンでもある西原在日は相当なプレッシャーを感じたにちがいなかった。

前半、開始直後の敵陣でのファーストスクラム。ブラインドサイドのラインぎわから私が見たのは、明治のスクラムが押されるシーンだった。まさか、と思ったが、二度目のスクラムでも押され、三度目のスクラムから出たボールをそのままトライされた。しかもその前半で、西原が故障退場となり、二六分には屈辱のスクラムトライまで決められてしまう。レギュラーメンバーとサブのメンバーに大きな力の差があったわけではない。ただ、いきなり京産大とのフォワード対決で押されたことにより、気持ちがあせってしまい、普段の力を出せないままでいた。

前半が終わって3対15。客席の誰もが、明治はここで終わったと思ったはずだ。

重戦車が押される。四年間明治でラグビーをやってきて初めての、目を疑うような光景だったが、そのまま終わるわけにはいかなかった。自分たちにはやり残したことがある。決勝まで行って、早稲田に借りを返さなければならない。そのための一年間だったし、そのためのハードトレーニングだったはずだ。

ハーフタイム。私はフォワード陣にこう指示した。

「押されても慌てないでくれ。そしてボールを、とにかく全部バックスに出してくれ。フォワードでもみ合いはするな。全部バックスに。そのために俺たちバックスも練習してきた」

こうして後半、明治のラグビーは変わった。フォワードは縦に突進しながら、その勢いが止まるとすぐにボールを出してくれた。そしてバックスが走る。永友洋司、丹羽政彦の続けざまのトライで後半二〇分に同点に追いつく。二三分には私のトライで逆転。次いで丹羽、永友のだめ押しトライ。後半は26対0で圧倒し、しかも二六点のすべてがバックスによる得点だった。

一五人でラグビーをしよう。全員でトライをとって、全員で守る。そして、フォワードとバックスがお互いに信じてボールを回す。一五人がボールを持って走る。そんなラグビーを目指した一年だったが、ようやくその成果が実証できた一戦だった。

試合後のインタビューで、私は「決勝は早稲田にきてほしい」と素直な気持ちで言ったが、その早稲田は福岡大学に100対7、同志社大学に50対8と、圧倒的な強さで決勝に勝ち上がってきた。

一月六日。準決勝から中三日で迎えた、国立競技場での決勝戦。レギュラープロップの二人の負傷も癒え、西原も毎日鍼灸医に通って肉離れの治療を行い、何とか決勝戦の出場に間に合った。待ちに待った再戦。さあ来い、早稲田！

前半、二つのペナルティーゴールで六点を先制するも、三二分に早稲田の左ウイング、増保の独走を許してしまう。トライ直前に私が追いつき、タックルで捕まえたかと思ったが、ボールはインゴールにグランディングされていた。これで6対4。わずか二点のリード。

後半の攻防は、まさに一進一退で何とかリードを保っていたが、一七分の早稲田のトライとゴールキックで12対13。ついに逆転される。しかしこのとき、明治の部員の誰一人、負けることを考えた者はいなかった。勝つ。絶対に勝つ。国立のグランドは、「前へ、一歩でも前へ」という明治魂で満ちていた。

後半二六分。明治のラインアウトからのボールを西原がキープして突進。そのポイントからブラインドサイドの富岡へ。その富岡のスピードと当たりの激しさに、早稲田のディフェンスが吸い寄せられるのが、逆サイドの私から見えた。私の前方には大きなスペースができていた。

「俺に出せ！　俺に出せ！」。何度も心の中でそう叫んだ。密集から出たボールを受けて再び西原が突進。小村が素早く出したボールは永友からオープンサイドの鈴木へ。そして一人飛ばして元木へと渡る。目の前にディフェンスを感じていた元木から、クイックパスでついに私のところにボールが来た。

トップスピードにのったところで右から来る今泉が見えた。「絶対に抜いてやる！」。肩に掛かった今泉の手を振りきり、さらに二人のディフェンスを解きほどき、かわす。最後に腰にタックルを感じたが、そのときはインゴールに飛び込んでいた。再逆転の執念のトライ！　倒れたまま、思わず拳を突き上げた。ゲームはその後動かず、ノーサイド。16対13で勝利する。念願の、早稲田を倒しての大学日本一だった。

表彰式で賞状を受け取るとき、この一年、よくついてきてくれた一〇〇人の部員を思うと自然に涙があふれてきた。後で聞いたのだが、そのとき、スタンドの北島忠治監督の目にも涙が浮かんでいたという。その北島監督からの言葉は「よくやった。よくやった。よくやった」。普段通りの笑顔で、それだけだった。優勝もさることながら、これで監督に少しでも恩返しができたかと思うと、本当に嬉しかった。

そのままの勢いで臨んだ、一月一五日の第二八回日本選手権だったが、キャリア豊富な社会人の壁は厚かった。何とか隙をついて前進しようとするが、三連覇を目指す平尾誠二主将率いる社会人王者の神戸製鋼に、15対38で敗れる。

この日本選手権で、明治の吉田としての四年間のラグビー生活を終えていたが、大学時代のラグビーはまだ続く。それが二月から三月にかけての、学生日本代表アイルランド遠征だった。学生日本代表の初めて海外遠征でもあり、しかもその相手は、同じ学生ではあるが、秋のワールドカップで対戦が決まっていたアイルランドだった。

ここでも私はキャプテンに指名された。バイスキャプテンは同志社大学の主将、谷口順一で、よくフォワードをまとめてくれた。招集されたメンバーの大半が学生選手権で戦った選手たちだったので、皆の気力も充実していた。私がひとつだけこだわったことは、桜のジャージに袖を通す限り、モチベーションを下げないようにすることだった。みんなに何度もこう声をかけた。「勝ちに行こう！　俺たちの力を見せてやろう！」

それにしても、この学生日本代表チームは強かった。初戦のクインズ

四年生時、納会後の最後の記念撮影。前列左から四人目が北島監督。

大学戦から、コーク、ゴルウェイ大学連合、アイリッシュカレッジ、ダブリン大学までを全勝し、しかも与えたトライは四戦で二つだけだった。鉄壁のディフェンスは最終戦のアイルランド学生代表戦でも衰えることなく、22対3で快勝する。

こうして私の大学ラグビーは終わった。一つ誇らしく思っているのは、私がキャプテンになってから始まった明治の対抗戦での連勝が、その後五五連勝するまでに勝ち続けたことだ。もちろん私の時代の連勝は八試合にすぎないが、それをスタートに後輩たちが引き継いでくれたことを、本当に嬉しく思っている。

いま想えば、どれもついこの間のことのように思い出される四年間だったが、私の中ですべては北島忠治監督につながっていく。

「自律しろ」、「自ら考えろ」、「自分に誇りを持て」、そして「前へ」。それ以後、さまざまな局面で私が救われることになる、すべてのことを北島監督に教えていただいた。当時も今も、そして将来も、北島監督には、感謝しかない。

第六章　伊勢丹就職

社会人になってもラグビーを続けようとする選手の就職は、三年生のシーズンが終わる頃にほぼ決まる。社会人の強豪チームは常に学生ラグビーに目を光らせていて、注目選手にはスカウトも集中する。そういうことは上級生から聞かされていたので、三年になれば就職を意識しなくてはならないのか、というふうに考えていた。

明治の合宿所に、ある一本の電話がかかってきたのは、二年生の早明戦を終えた頃だった。その人は、当時秋田市役所に勤務していたラグビーの先輩だった。

「ある人から君のところに連絡が行くはずだ。その人は秋田出身の方で、ある人を君に紹介したがっている。だから、行くように」

まったく知らない先輩から電話があり、ある人の連絡を待って、ある人を紹介してもらうように、そう言われても何の事だかわからない。しかし、先輩から言われて断るわけにはいかない。私が知り得たキーワードは、先輩、秋田、ラグビー、それだけだった。

そのある人から電話があったのは、数日後のことだった。吉田君に、どうしてもある人を会わせたい。ついては、赤坂まで来てほしい。

もちろん赤坂は初めてで、どういう場所なのかもわからなかったが、住所を頼りに歩き回り、ある和風の一軒家にたどり着いた。表札もなく、そこが指定された場所なのかどうか迷っていると、中から和服の女性が現れて招き入れられ、座敷に通された。庭に面した部屋の真ん中に大きなテーブルがあり、そこに食事のセットがされていた。後に、そこが料亭だとわかるのだが、当時の私がそんなことを知るはずもなく、ただ緊張して言われるがままに席についた。

紹介された一人の紳士、その人が伊勢丹の小菅国安社長だった。

小菅さんは伊勢丹創業家の四代目で、一部上場企業では最年少の社長だった。その人が、伊勢丹に来てほしいという。まだ二年生、就職などはずっと先のことだと、まるで考えていなかったから、驚くというより、戸惑うばかりだった。

会社のこと、ラグビー部のこと、いろんな話を熱心にされたと思うが、緊張と戸惑いでほとんど憶えていない。ただわかったのは、伊勢丹からのオファーだったこと。「前向きに考えます」としか言いようがなかった。


その後、小菅社長とともに熱心に伊勢丹に誘ってくれたのが、取締役でラグビー部の部長でもあった頭山秀徳さんだった。小菅社長も頭山さんも慶應義塾大学出身で、小菅社長はテニス、頭山さんはラグビーだった。その二人が進めようとしていたのが、伊勢丹ラグビー部の強化だった。

関東での社会人トップリーグは東日本社会人リーグで、当時の伊勢丹ラグビー部は、その下のクラスの関東社会人一部リーグにいた。大学でもレギュラークラスだった選手はわずかで、まして日本代表の選手などいるはずもなく、一部リーグでも下位争いのチームだった。そのチームの底上げをはかり、東日本社会人リーグに昇格させようとする二人のプランは、私を驚かせた。

「トンガなどの外国人留学生を入社させるチームもあるが、うちは違う。ニュージーランドに行って、オールブラックスの選手を連れてくる。そこに吉田義人が加わってチームの柱となるんだ」

オールブラックス？　世界一の？　こういった、ありきたりではない、いわばとんでもない言葉に、私は弱いのかもしれない。頭山さんの人をやさしく包み込むような、それでいて熱い人柄に、私の気持ちはしだいに伊勢丹へと傾いていた。

三年生になってみると、実際に東日本、西日本を問わず、一〇以上のトップリーグチームからのオファーがあった。どのチームも、私を必要としていると言ってくれた。会社員ではあるが、ラグビーに支障をきたさないような部署に配属するし、ラグビーにほぼ専念できる環境を用意すると言ってくれた。

当時、私が考えていたのは、大学を卒業してもラグビーを続けたい。そして、日本代表として活躍したい、ということだけだった。だから、ラグビーとは関わりのない企業に就職して仕事に打ち込む、という選択肢はなかった。残るは二つ。トップクラスのチームに所属して、ラグビー最優先の環境を選ぶか、優先するのは仕事で、余暇でラグビーを続けるかだった。

いまでこそ、ラグビーのプロ選手は多く存在するが、当時の日本ラグビーはアマチュアが大前提で、万が一にも海外でプロ契約ができたとしたら、それはすなわち、日本ラグビー界からの追放を意味するものだった。だから私の頭には、これからも日本人としての誇りを持って戦うとしたらアマチュアでプレーするしかなかったのだが、そのアマチュアを考えたとき、その中心は、やはり仕事であるべきではないかと思っていた。アマチュアだからラグビーによって会社にも選手にもお金が入るわけではない。つまり、一生懸命に働くから給料がもらえるのだ。だったら、優先すべきは仕事ではないかと。

そんな気持ちを後押ししてくれたのも頭山さんだった。

「伊勢丹ラグビー部を強化していきたい。だからラグビーも本気でやってほしい。だけど、仕事も一生懸命にやってほしい。そして、吉田君がラグビーで培ってきた経験を、会社にもラグビー部にも生かしてほしい」

こう言われたとき、心は伊勢丹に決まっていた。仕事をして給料をもらって、そして自分の時間を使ってラグビーに打ち込む。これこそが自分の考えたアマチュアの理想だった。

「ただ……」

「ただ？」

「私はずっとラグビーしかやってきていなくて、今後、仕事として何ができるのか、何をやりたいのかということも具体的に考えたことがなくて。そんなことでいいのかと……」

「そういうことなら、悩む必要はないよ。吉田君、伊勢丹は百貨店なんだ。百貨店だから、百通りの仕事に携わることができる。そこで、いろんなことに関わりながら、将来どんなことをしたいのかも見出せるんじゃないか？」

強く印象に残るありがたい言葉だった。

そしてもう一人、伊勢丹の夢を語ってくれたのが、当時の伊勢丹ラグビー部の石塚武生監督だった。石塚さんは早稲田大学ラグビー部でキャプテンを務め、リコー入社後は日本代表でもキャプテンだった、名フランカーだ。その石塚さんから電話があったのは三年生になった頃で、とにかく会いたいと言ってくれた。現場からの偵察かなと思ったが、そうではなかった。会う場所は、レストランでも居酒屋でもなく、私が練習後に通っていたトレーニングジムだった。石塚さんはそこにやってきて、一緒にトレーニングをして汗を流す。その間に、ラグビーへの情熱を語り、伊勢丹ラグビー部がどんな夢を持っているかを語ってくれた。しかし「伊勢丹で一緒にやろう」とは一言も言わない。だから私もそのことには触れなかったが、石塚さんの「これからのチーム」への情熱は十分に伝わってきた。

伊勢丹は、あらゆる意味で他のラグビー部を擁する会社とは違っていた。最終的には、求められることと求めることが一致していたことで決めたのだが、どの会社よりも先にオファーをもらったことと、小菅社長と頭山さんの人柄に魅かれたことは大きい。

伊勢丹に限らず、就職するにあたって、ずっと気になっていたことがあった。それは実家のことだった。私は秋田の田舎で生まれ育った、吉田家本家の長男である。母は嫁ぎ先の吉田家で、嫁と姑の関係でずいぶん苦労したにもかかわらず、「義人のおじいちゃんは、立派な人だったんだよ」と常に祖父を褒め、尊敬していた。だからこそ、祖父が亡くなり、頼りにできない父を見たときに、その吉田家を継ぐのは、義人だとずっと言われ続けてきた。それが私にすりこまれていて、やがては秋田に帰り、家を守り、親の面倒をみることが使命のように感じていた。だから、いずれは秋田に帰らなくては、と思っていた。

そんなことを、つい頭山さんに相談したことがあった。すると頭山さんは「わかった」とだけ言い、その後何度も秋田の実家に足を運んでくれて、両親を説得してくれた。両親は、大学を卒業すれば義人は帰ってくるものだとばかり思っていたらしいのだが、やがて私と同じように頭山さんの人柄に惚れ、「頭山さんほどの方がそうまでお誘いくださるなら、息子をお願いしたい」と言ったのだった。

小菅社長と頭山さんは、私に話した通りにラグビー部の強化を進め、私が三年生のときには、オールブラックスの選手一人とニュージーランドの州代表の選手二人を補強した。三人とも相当レベルの高い選手で、その三人に引っ張られた伊勢丹は、私が四年生、つまり石塚さんが監督だったシーズンに一部リーグで優勝を果たす。さらに入れ替え戦にも勝利して、ついに東日本社会人リーグに昇格したのだった。

私が誘いを受け、入社を決断したときには、一部リーグでも下位にいた伊勢丹が、入社するときには東日本社会人リーグ！　信じられない思いだった。


一九九一年四月。慣れないネクタイとスーツに身を包み、早朝の通勤ラッシュにもまれながら新宿の伊勢丹に通うことになった。

伊勢丹の独身寮は、小田急線の千歳船橋にあり、ラグビー部の選手も大半がそこに暮らしていた。独身寮には二〇メートル四方の中庭があり、そこがラグビー部の練習場だった。ダッシュをすれば、たちまち壁が迫ってきた。東日本社会人リーグで戦うようなチームに、専用のグランドがない。トレーニングルームがあり、一分でグランドに出られた明治の環境とは雲泥の差だった。しかし、専用グランドがなくてもトップのリーグに昇格したのだから、このチームにはさらに伸びしろがあるかもしれない、と考えた。ないなら、ないようにやる。前向きに考えるしかない。

午前七時頃の電車に乗って会社へ。閉店まで売り場（お買い場）に立ち、閉店後の掃除を終えて練習場に入るのが午後九時過ぎ。二時間ほどの練習を終え、シャワーを浴びて食事を済ませるとたいてい一二時だった。会社の定休日は水曜日。この日だけはグランドを

伊勢丹入社直後。悪戦苦闘の毎日だった。

借りて、チーム全体で練習ができた。ただし雨でも降れば、借りたグランドは使用禁止になり、独身寮の中庭に集まるしかなかった。

四月からの三か月間、研修期間としてネクタイ売り場に仮配属になった。その売り場に最初にやって来たのが、先輩のバイヤーだった。バイヤーとは伊勢丹で売る商品を買い付ける人のことで、その先輩は私に、まずこう言った。

「いいか吉田、この場所にあるネクタイは、俺たちが海外に出かけ、直接選んで買い付けたものだ。つまり、伊勢丹が仕入れたものだ。これを売れば、利益も大きい。一方で、メーカーから派遣されてきている売り子さんたちがいるだろう。マネキンと呼ばれている人たちだけど。あの人たちは、自分のメーカーのネクタイを売るためにここにいるんだ。彼女たちが勧めるのは、ここのネクタイじゃない。いいか、お前は伊勢丹の社員なんだから、基本的には、俺たちが仕入れてきたものをまず先にお勧めしなくてはならない。わかったな。まずはこれらを売れ」

「はい。わかりました」

そう答えて、あらためてバイヤーが選んだというネクタイを見てみる。正直言って、それらをお客さんに勧める自信はなかった。デザインは大柄で色も派手だ。こんなネクタイをして会社に行くサラリーマンが世の中にいるのだろうか。それにひきかえ、マネキンさんの持ち場のネクタイはセンスが良く（あくまでも私のセンスだが）、売れそうな気がした。

しかし、私は伊勢丹の社員だ。伊勢丹のバイヤーが仕入れたものを最優先で売るのだ。そう思いながら、先輩に示されたネクタイを眺め、どんなふうに勧めるのかを想像したりしていた。

商品知識、接客、応対、包装、入金、覚えなくてはならないことは山ほどあったが、売り場で私を待ち受けていたのは、ファンの列だった。

「吉田のファンもお客様だから、ちゃんと応対しなさい。ただ、サインを頼まれたら、売り場ではしてはいけない。サインはバックヤードに入ってしなさい」

売り場のマネージャーにはそう言われていた。

当時のラグビーブームは、グランドにいて十分に認識していたが、直接肌で感じたのはこれが初めてだった。「吉田さんですよね？」、「握手してください」、「サインもらっていいですか？」。熱心なラグビーファンだけでなく、修学旅行の高校生までやってきた。握手をし、色紙かサイン帳を預かってバックヤードに走る。サインをして売り場に戻ると、次のファン、そしてまた次。これで仕事になるのだろうかと、本気で心配した。

ネクタイ売り場に立って数日後。ファンの波が一段落したころに、私と同年代と思しき若い女性がネクタイを探していた。よし、仕事だ。しばらく自由に見てもらったところで声をかけた。

「今日は、どのような感じのネクタイをお探しですか？」

「あっ、贈り物なんです」

控えめな感じのきれいな人だった。お父さんか、彼への誕生日プレゼント。もしかしたら、彼への就職祝い？　そんなふうに思いながら「お幾つぐらいの方ですか？」と訊くと、「あなたくらいの年齢です」との答え。

やっぱり彼氏か。しかし、実際に買ってもらうには、ここからが大変だ。ネクタイ売り場には、色も柄もさまざまあって、下手に趣味の違うものを勧めてしまえば帰られてしまうこともある。それでもなんとか先輩バイヤーが仕入れたものへ誘導しなくては、と思っていたら、こう言われた。

「どんなのがいいかよくわからないので、選んでもらえませんか？」

選んでもらえませんか？　これって、買ってもらえる？　心の中でガッツポーズ！

同年代の若者のネクタイならこれだろう、というデザインのものがいくつかあった。しかしどれもマネキンさんが売っているもので、それを勧めるのをぐっとこらえた。バイヤーたちの商品があるコーナーに進む。

「こんなのは、いかがでしょう」

そこにある中で、一番と思えるものを取り上げた。派手過ぎず、色も大人っぽい。

「素敵です。それにします、はい」

本当に売れた！　初めての一本！

「プレゼントですよね。すぐにお包みいたします！」

心変わりされてはまずいと焦っていたかもしれない。代金を預かり、興奮してレジに走った。包装する手が汗ばんでいた。

お客様のところに駆け戻り、両手で品物を渡す。

「お待たせいたしました。ありがとうございました」

ところが、ところがだ。顔を上げるとその人は、いったん受け取った品物をすっと私に差し出した。そして動かない。

「えっ？」

「これ、あなたへのプレゼントです」

「えっ？」

「ずっとファンです。受け取ってください」

こんなに驚いたことは、そうそうない。売り場のみんなも唖然として眺めていた。よく見るとその美しい顔に、どこか見覚えがあった。

「もしかしたら、八幡山にも？」

「ええ。練習も試合も応援に行っていました。これからも応援します。がんばってください」

この話はたちまち社内に広まった。いまでも伊勢丹のネクタイ売り場では、伝説のように語り継がれていると聞く。

伊勢丹に入社して最初に売った一本のネクタイ。それが、いつも応援してくれていた方から直接いただいたネクタイ。いまでも思い出とともに、大切にとってある。

社会人になって初めてのゲームは、四月二七日から五月一一日までの、日本代表のアメリカ・カナダ遠征だった。秋にワールドカップを控えた遠征で、若手のテストという意味もあったと思う。明治の後輩の元木由記雄をはじめ、大体大の金城秀雄、早稲田大の増保輝則らの現役大学生も含まれていた。本番を意識したテストマッチだったが、初戦のアメリカ代表に9対20で負けてしまう。二戦目の中西部選抜には58対0と大勝するが、ミネアポリスからシカゴに場所を移してのアメリカ代表との再戦には15対27で敗戦。エドモントンではカナダ選抜に29対23でかろうじて勝利するも、バンクーバーでのカナダ代表戦は、26対49で完敗。

二年前にスコットランドを倒し、世界でもある程度はやれる、という意識で臨んだ遠征だけに、代表チームとのテストマッチ三連敗はショックだった。ただ、修正課題は多かったが、本番までにまだ時間があることが救いだった。

会社では、三か月の研修期間が終わり、七月からは本配属が決まることになっていた。同期たちの話によれば、本配属の部署によって、その後のエリートコースかそうでないかが位置づけられるということだった。みんな「できればあそこに配属されたい」などと話していたが、私にはあまり興味のないことだった。「百通りの仕事」に携わることのできる百貨店なのだから、どこに配属になってもかまわなかった。

そして辞令を受け取る日。

「吉田義人。第一部婦人服」

同期の注目が一斉に集まった。本店の二階にある婦人服第一部。この部署こそが、エリートコースの第一歩という場所らしかった。婦人服第一部は伊勢丹の心臓部と言われていて、売り場面積に対して最も売り上げがあるところ。そこで販売しているのは、女性のスカートやスラックスなどだった。

ネクタイ売り場も忙しかったが、ここはその比ではなかった。とにかく立ち止まっている時間もなかった。接客の度に、別の色や合うサイズのものを探しにストックヤードへ走る。入金、包装が終わればまた次のお客様、さらに次のお客様。そこにサインを求めるファンの列。入金中に声をかけられ、「うちの娘が吉田さんのファンで、一度食事をしたいと言っているのだけど、近いうちにいかがかしら」などと言われたことも何度かあった。もちろん丁寧にお断りさせていただいた。

ラグビー部の試合だけでなく、日本代表の合宿や試合でも仕事場を空けることの多い私だったから、その分一生懸命に働かなければと思った。部署のみんなに迷惑をかけているのだから、せめてそこにいるときには人一倍働かなければ、と。

日本代表は、九月に香港代表を迎えて二試合を戦い、一〇月、いよいよワールドカップの地であるヨーロッパに渡る。夢にまで見たワールドカップ。ついに世界の舞台に立つのだ！

第二回ラグビーワールドカップ。予選はプール2。日本、スコットランド、アイルランド、ジンバブエによるリーグ戦だった。一〇月五日、初戦の相手は、スコットランド。場所はエディンバラのマレーフィールド。

二年前に勝利した相手であり、ここを突破すれば決勝トーナメントも見えてくると意気込んで臨んだが、スコットランドの闘志は我々をはるかに上回っていた。それはそうだろう。世界のトップ8のチームが、しかもホームのワールドカップという大舞台で日本に負けるようなことがあれば、それこそ一大事だ。冷静に見ても、やはり世界の壁は厚いと言わざるをえないようなゲームだった。互角に戦っているように見えても、点差は確実に広がっていった。体格で劣る日本が彼らに勝つには、スピードと運動量で相手を翻弄しなくてはならなかったが、それを実践することはなかなかできなかった。9対47の完敗。このプールを勝ち上がるには、第二戦でアイルランドを倒すしかなかった。

一〇月九日、アイルランドの首都、ダブリンのランズダウン・ロード。風の強い日で、スタンドのところどころに日の丸が揺れていた。ここにも日本を応援してくれる人たちがいると思うと心強かった。

大差で負けたとはいえ、後半の途中までは善戦したスコットランド戦。だから悲観することはなかった。日本のプレーをしよう！　平尾誠二キャプテンの声でグランドに出た。

しかし前半早々に得点を与えてしまい、終始追いかける形になってしまう。前半を終えて6対19。後半に入っても連続でペナルティーキックを許し、内容で押されている感じはないのに点差だけが大きく広がっていく。そして後半一〇分過ぎ、自陣22メートルラインあたりで得たペナルティーキックからの日本ボール。クイックスタートから左に出たパスは、一人を経由して私に回ってきた。ボールをキャッチした私は、すぐにトップスピードに乗る。対面の14番をステップでかわし、さらに走る。敵陣22メートルラインまで走ったところでもう一人をかわし、直後にタックルされる。倒れざまに松尾勝博さんにパス。それが梶原宏之さんにつながってトライ！　そして二〇分過ぎにも、スクラムから出たボールを私が受け取り、そのまま走り込んでゴール奥にトライ。

負けてない。まだいける。そう思った後半

第二回ワールドカップ壮行会。世界の舞台でどれだけ通用するのか、楽しみでもあり、不安でもあった。

だったが、時間は残っていなかった。16対32でアイルランドにも敗れ、決勝トーナメント進出の夢は閉ざされてしまう。

ジンバブエとの最終戦は、日本のワールドカップ初勝利をかけた試合になった。北アイルランド、ベルファストでのこの試合は、終始ボールを支配して、日本の目指すランニング・ラグビーが存分にできたゲームだった。52対8。9トライが大会の最多トライゲームなら、五二点というのも、日本のテストマッチ最多得点だった。

「みんなパンクするくらい走らんと、日本のラグビーはでけん。こっちがつぶれるか、向こうがパンクするか、そのくらい走らんと、日本が勝つ可能性は出てこんのです。今日やったヤツは、それがわかったと思う」。平尾誠二キャプテンは、こう締めくくった。

ワールドカップで初勝利をあげた大会だったが、やはり一戦目、二戦目に悔いが残る。その後も世界相手に何度も経験することだが、ゲーム内容ではそれほど負けていないのに気がつけば点差が開いている。ほんのわずかかもしれない何かの差。持てるパフォーマンスを出し切れていたら、結果は違っていたかもしれない。しかし、それができない。これが世界の壁なのかもしれないと痛感した大会だった。

東日本社会人リーグは九月末に始まっていたが、初戦の東芝府中戦はワールドカップのために欠場した。私の社会人リーグデビューは一〇月二〇日のサントリー戦からだったが、チームは一一月の秋田市役所戦まで五連敗。一一月一七日、日本電気に25対24でかろうじて一勝するが、最終戦の新日鉄釜石にも10対17で敗戦。一勝六敗で最下位となる。

石塚武生監督と永田克也主将のもと、ニュージーランド出身の三選手がチームをよくまとめていたが、グランドも完備され、ラグビー優先のチームが揃うトップリーグでは、伊勢丹はどうしても分が悪い。入れ替え戦で昇格した翌年に、また入れ替え戦に出場することになった。

その相手は、前年の入れ替え戦で伊勢丹と戦って敗れた横河電機。関東社会人一部リーグを全勝で優勝していた。

試合は18対14でリードの後半。なんとかこのままいけば、残留決定という試合終了間際だった。味方のボールをインターセプトしたのは、日本代表選手でもあった松永敏宏さんだった。ディフェンスの間を走り抜け、ぐんぐんゴールに近づいていく。このままトライを許したら、逆転で降格だ。すべては私のタックルにかかっている。止めなければ！必死で走った。そして松永さんめがけて飛び込む。そのタックルが決まった場所が、ゴールポストのわずか二メートル手前だった。かろうじて残留を決めた。

この昇格のチャンスを逃した横河電機は、それから十数年も一部リーグで低迷することになる。そしてその後、どういう運命なのか、私はその横河電機に指導者として赴くことになるのだが、このときは知る由もない。

一九九二年、ワールドカップの活躍が認められ、世界選抜チームの一員に選ばれる。まさかと思ったが、招集の知らせを聞いたときには、どう表現していいかわからないほど興奮した。しかもその世界選抜チームが戦う相手は、ニュージーランド代表、オールブラックスだ。ニュージーランド協会一〇〇周年を記念して行われた、ニュージーランド全土を回ってのオールブラックス対世界選抜の三試合。

世界選抜チームにはフランスのD・カンベラベロ、イングランドのJ・ガスコット、オーストラリアのT・ホランなど、前年のワールドカップを沸かせた、まさにそうそうたるメンバーがいた。そして相対するオールブラックスのウイングは、J・カーワンとトゥイガマラ、そしてジョン・ティム。トゥイガマラは高校日本代表のニュージーランド遠征で対戦し、度肝を抜かれた選手だった。

四月二二日の第二戦、ウエリントンのアスレチック・パークは大観衆の熱気に包まれていた。

いまでも鮮明に憶えているのは、そのゲームでの前半三〇分のプレー。敵陣22メートルラインの少し内側、密集から出たボールは、センターのガスコットに渡る。そのガスコットは鋭いディフェンスの出足に、すぐさまボールを小さく蹴り上げた。その瞬間に私の身

オールブラックス対世界選抜チーム。世界トップクラスの選手たちとの一か月半は何にも代えられない財産となった。

体もとっさに反応し、ボールを見ながら全速で走っていた。落ちてくるボールがぐんぐん大きくなる。届く！　ただ無心でダイブした。空中でボールが両手に収まる。そして地面に落ちた場所、そこがゴールポスト真下のインゴールだった。

全観客のスタンディングオベーション。あれほど爽快な瞬間は、そうあるものではない。もちろんガスコットが私を信用してくれたからこそのパントだったし、そのキックも完璧だったからのプレーだ。しかし自分でも、もの凄いトライをしたと思う。

あのプレーを見たニュージーランドのラグビー少年たちは、こぞって砂場に集まり、『ヨシダのダイビングトライ』を真似たと聞いた。

一九九五年のワールドカップでトライ王になり、オールブラックスで活躍したジョナ・ロムーも一六歳のときにこの試合を観ていたそうだ。そして後にこう言ったらしい。

「あんな凄いトライは一度も見たことがない。ニュージーランド人なら誰も忘れませんよ」

嬉しい、誇らしい言葉だった。

実はこの世界選抜召集のとき、ニュージーランドに三か月滞在した。召集直後に二週間弱の合宿があり、その後の一か月で選抜チームは国内三か所を転戦した。普通ならそこで解散、帰国となるのだが、伊勢丹が語学研修制度を用意してくれて、さらに一か月半のラグビー留学が可能になった。当時の日本協会には、海外でプレーできるのは三か月以内、というルールがあり、会社のおかげで滞在を延長することができたのだった。同期入社の宮浦成敏もこの制度でニュージーランドに渡り、私と合流した。

ホームステイして、午前から語学学校に通い、夕方からは所属させてもらったクラブチームで練習をした。そこでチームメイトやコーチに強く勧められたのがラグビーリーグだった。

「ヨシ、お前のラグビーは、ラグビーリーグに向いている。絶対に成功する。やるべきだ」

このラグビーリーグについては以前から知っていた。スピードと個人技が生きる一三人制のラグビーで、ニュージーランドでは一五人制を上回るほどの人気のプロリーグだった。一三人制は一人がカバーするスペースが広く、それだけに足の速さは武器になる。一五人制に比べて人数は二人減るだけだが、中身は七人制に近い。

世界選抜チームに一か月半いて、世界のトップクラスの選手たちと過ごした。そこで世界のトッププレーヤーがどうあるべきかを心身ともに学び、さらに彼らに交ざっても自分が通用すると感じていたときだった。だから、心が揺れた。プロのラグビー選手。しかも本場ニュージーランドのラグビーリーグ。整った環境でラグビーに専念し、自分の最高のパフォーマンスを観てもらって喜んでもらう。それまでの人生でプロという言葉を真剣に考えたことがなかっただけに、イメージはふくらみ、さらに心が揺れた。

そのラグビーリーグに傾く気持ちを抑えたのは、日本代表のプライドだった。国を代表し、日の丸の国旗を背負って戦ってきた誇り。それを簡単に捨てるわけにはいかなかった。そして伊勢丹への恩。頭山さんの顔が浮かんだ。ラグビー部を強化するからと誘ってもらい、仕事も与えてもらった。さらには代表の活動も認めてもらい、留学までさせてもらっている。「プロになりますから」とあっさり出ていくことはできなかった。


一九九二年。チーム環境の整備を約束してくれていた会社が、その言葉通りグランドを確保してくれた。そもそもそこは伊勢丹が所有していた土地で、建設会社に貸していたものを返してもらったのだった。場所は小田急線の千歳船橋駅から近いところで環状八号線に面していた。正規のグランドほどの面積はなかったが、我々には十分で、独身寮の中庭の練習場を思えば涙が出るほど嬉しかった。

いつでも全力で走ることができる。コンビネーションの練習もできる。初めてグランドに立った日、部員全員が子供のようにはしゃいだのを憶えている。最下位脱出、全国社会人大会出場。新たな目標への第一歩だった。

第七章　アジア王座奪還と念願の社会人全国大会

ニュージーランドから帰国後、伊勢丹入社二年目は、学生日本代表から始まった。一九九一年の学生代表はアイルランドに遠征していたが、この年に招集されたチームは第二回学生ワールドカップに出場した。「学生」と名前がついているが、要はアンダー24。二四歳以下で編成された代表の大会だったので、社会人でも二四歳以下なら出場が可能だった。

前年のワールドカップが終了した時点で、宿澤広朗監督は退任。小藪修さんが代表監督に就任していた。同志社大学、新日鉄釜石で活躍し、監督になって新日鉄釜石を初の全日本選手権制覇に導いた方で、その小藪監督が学生日本代表の監督でもあった。

前哨戦は香港U24代表を迎えての試合。ここで私は小藪監督に主将に指名される。主将として参加したアイルランド遠征を全勝し、メンバーも大幅には変わってはいなかったので、まとまりも感じていた。その香港U24との試合は、60対12で快勝。本番への手ごたえをつかんだかに見えた。

六月には学生ワールドカップへの壮行試合として、エグザイルスと対戦した。エグザイルスは社会人チームに所属する外国人で構成されたチームで、体格も当たりの強さも学生チームを上回っていた。その体格と強さで勝る相手にどう戦うかが課題であり、それを克服すれば予選で同じ組に入ったスコットランドやフランスとも善戦以上が期待できるはずだった。しかし結果は0対23。壮行試合としては不安の残るゲームだった。

第二回学生ワールドカップは、イタリアで行われた。予選リーグで日本と同じ組は、スコットランド、フランス、そしてスペインだった。初戦のスコットランド戦。ここで勝てば、予選リーグ突破が見えてくる。逆に敗れれば、予選敗退が濃厚になる。

七月二日、ジェノバでのスコットランド戦。グランドの外からはどう見えたかわからないが、グランドの私は互角に戦っていると感じていた。スクラムで押されペナルティーを受ける場面もあったが、前半唯一のトライは日本代表だった。前半を終えて10対12。逆転のチャンスはある。しかし、スコットランド相手に最後まで逆転には至らなかった。16対21での敗戦。

後がないフランス戦、この試合でも前半は16対16と五分に戦っていたが、食い下がったのもそこまで。25対34で敗れてしまう。予選リーグ最終戦のスペイン戦には23対6で勝ったものの、一勝二敗で順位決定戦に回ることになった。

各組の三位で戦う、九位～一二位決定戦。そこで対することになったのが南アフリカだった。

アパルトヘイトによる人種隔離政策を行っていたため、南アフリカはラグビーの代表も国際社会からの制裁として、長らく対外試合を禁じられていた。そのアパルトヘイト撤廃の方針を受け、この大会では国際舞台への復帰が認められていた。つまり、日本の代表が南アフリカの代表と対戦するのは、これが初めてだった。巨漢揃いのフォワード、高いラインアウト。セットプレーでは分が悪かったが、スピードを生かす展開に持ち込めば勝機はあるはずだった。しかし、肝心なところでのミスから失点し、結局28対49で敗退。一一位に終わった大会だった。

この年、小藪ジャパンの最大の目標は、アジア王座奪還だった。二年に一度開催されるアジア大会では、一九八六年の第一〇会大会以来、三度連続で準優勝に終わっていた。その三度とも優勝していたのが韓国だった。

その過去二回は私も出場し、悔しい想いをしている。韓国に勝って優勝する。私個人の目標でもあった。

九月、第一三回アジア大会は、アジア王座のホーム、韓国で行われた。予選リーグ初戦のシンガポール戦は、120対0と快勝。格下相手とはいえ、決勝の韓国戦に向けて、上々の発進だった。ところが、決勝で対戦するとばかり思っていた韓国が、いきなり香港に敗れるという波乱。このときの韓国のチーム事情はわからないが、香港が同じ組のタイかマレーシアに負けるとは考えにくく、韓国の決勝進出は絶望的となった。

日本代表はスリランカ、台湾を一蹴し、三戦全勝で決勝戦に勝ち上がった。相手はやはり全勝の香港。ワールドカップの前哨戦でも日本が連勝していて、正直、負ける気はしなかった。グランドを広く使った展開ラグビーに加え、フォワードの縦の攻撃も機能して

37対9で勝利。八年ぶりにアジア王座に返り咲く。いいチームだったし、そのチームメイトと優勝を分かち合えたことは本当に嬉しかったが、韓国へのリベンジは果たされぬままだった。

二年目の婦人服売り場には慣れてきてはいたが、ラグビーとの両立の日々は確かにハードだった。出勤の日は、早朝から夕方の練習時間ぎりぎりまで働いてグランドに直行。深夜に帰宅してまた早朝には出勤。伊勢丹が休みの水曜日は、朝からチーム全体での練習。それが終わると個人でのトレーニングか、もしくは痛めた箇所の治療。それ以外の日は試合か代表の合宿で、この時期、ゆっくり休んだという記憶がない。ただ、そうしたいとも思っていなかった。

会社のために働いて給料をいただき、余暇としてラグビーをすることを選んだのは自分だったし、世界で戦うたびに自分に不足しているスキルに気づかされていたから、伊勢丹ラグビー部の練習以外でも、持てる時間はすべてトレーニングに費やした。

「考えて躊躇するくらいなら、まず前に踏み出せ」。北島監督の言葉を胸に、がむしゃらに動き回ったこの頃だった。

東日本社会人リーグは、アジア大会の直前に開幕していた。その第一戦の相手は、前年に全勝で優勝していた三洋電機。その試合は8対42で負けていたが、アジア大会終了後の東芝府中には15対14で勝利！　東芝府中も前年二位の強豪で、この結果にチームは大いに勢いづくことになった。

この東芝府中戦から最終戦まで、私のポジションはフルバックだった。強い相手と戦うとき、味方のボール支配の時間が短くなればなるほど、ウイングにはボールが回ってこなくなる。前年のリーグ戦でも、私がほとんどボールに触ることなく負ける試合もあった。日本代表の吉田をどう使うか。圧されているゲームでウイングに回すのは簡単ではないが、フルバックはボールタッチの機会が多くある。ならば、吉田をフルバックにして、そこを起点に攻撃を仕掛ける方がチャンスが生まれる。そういう判断のコンバートだった。元々はバックスすべてのポジションができるし、チームにとってもプラスになると納得した。東芝府中戦以降、四勝二敗。通算成績は、四勝三敗でリーグ四位。伊勢丹ラグビー部史上初の全国大会出場権を手にした。そして、このときに私と共にバックスを務めたのが、伊勢丹同期入社の宮浦成敏。彼とはずっと後に、違う場所で再会することになる。

一二月二〇日。第四五回全国社会人大会が始まった。秩父宮ラグビー場での一回戦はトヨタ自動車。全国優勝の経験もあるチームで、バックスには日本代表チーム主将の朽木英次さんがいた。朽木さんは長らく日本のセンタープレーヤーとして活躍された方で、職人技のような正確なプレーをする選手だった。そしていつも私を信頼してパスを出してくれた。しかも針の穴を通すような「ここしかない」というパス。その朽木さん率いるトヨタ自動車戦、結果は9対38で、伊勢丹のトライは0。完敗だった。

一回戦敗退でしかも大差での負け。しかし伊勢丹ラグビー部にとっては、新たな一歩だった。このチームで全国大会連続出場、一回戦突破、ベスト8、優勝。夢は広がっていく。


一九九三年の始動は、七人制の日本代表だった。この年の四月には第一回の七人制ワールドカップがスコットランドで開催されることになっていて、日本の出場も決まっていた。

新代表に選手兼コーチとして加入したのが、元フィジー代表のパウロ・ナワルさん

主将として臨んだ、スコットランドでの第一回七人制ワールドカップ。

だった。当時のフィジーは香港国際七人制大会を三連覇していて、日本のかなう相手ではなかった。その七人制を熟知したナワルさんのもと、メンバーのスキルをどう高め、選手相互のパフォーマンスをどう引き出すかを合宿で徹底した。ある意味で、七人制の新生代表チームだったと思う。そして主将に指名されたのは、私。これまでとは違う、日本の七人制ラグビーを表現したいと思った。

三月二七日、第一八回香港国際七人制大会。日本はプールEで、西サモア、タイと同組だった。タイには40対0で圧勝したものの、西サモアには7対40で完敗。プレートトーナメントでは、トンガに5対7と惜しくも敗れた。ちなみにこの大会で優勝したのは、予選で戦った西サモア。フィジーに代わって新チャンピオンとなった。

そして四月一六日、スコットランドのエディンバラで第一回七人制ワールドカップが始まった。日本はプールA。南アフリカ、フィジー、ウェールズ、ルーマニア、ラトヴィアの五か国と同じ組になった。この五試合の予選を戦って、四位以内に入らなければそこで敗退となる。初日は南アフリカ、フィジー、そしてウェールズと対戦し、とくにフィジー戦では後半に追い上げたものの、結果は三連敗。もう後がなくなった。二日目のラトヴィアには21対14で勝ち、いよいよ予選最終戦。前半をリードで迎えた後半。必死に食い下がるルーマニアに逆転を許してしまうが、終了間際にシナリ・ラトゥさんのトライで再逆転して予選を四位で終えた。

各予選プールの四位同士で行われるボウル・ファイナルズ。初戦のカナダに14対0で勝ち、決勝で地元スコットランドと対戦することになった。七人制発祥の国であるスコットランドは、国の名誉と威信と誇りにかけても、絶対に勝たなければならないゲームだった。完全アウェイの中、これが新チームの集大成のつもりで臨んだ。合宿、そして香港大会と、少しずつではあるが七人制日本代表の新たなスタイルがゲームに出るようになっていた。全員で走る。全員でカバーする。その結果が33対19での勝利。ボウル・ファイナルで優勝を飾ることができたのだった。

一五人制の日本代表は、一九九五年に開催されるワールドカップに照準を合わせ、この年は翌年のワールドカップ予選に向けて、二度の遠征が予定されていた。その最初の遠征先が、アルゼンチンだった。

アルゼンチン代表は第二回のワールドカップでは三敗して予選で敗退していたが、着実に力をつけていたチームで、日本とは互角かそれ以上の相手とみなされていた。

五月。日本代表は初めてのアルゼンチンに向かった。三〇時間以上の移動、そして不慣れな硬いグランド。日本代表には決していい条件ではなかったが、それを言い訳にはできない。初戦と二戦目は、それぞれ地域選抜と戦って連勝。いよいよアルゼンチン代表とのテストマッチというときだった。

滞在先のホテルで、ある先輩に呼び止められた。

「吉田、大変だぞ」

「はい？」

「いいから、ちょっと来い」

その先輩の手には、一枚の紙があった。

「読んでみろ」

渡されたのは一通のファックスだった。

『伊勢丹、経営不振により、ラグビー部、強化中止。縮小へ』

発信元は日本ラグビー協会。かすれた文字で、それだけのニュースだった。

そのファックスは、監督から始まって、コーチから大半の先輩たちに回され、ようやく私の元にきたものだった。〝強化中止。縮小〟。私には何のことだかわからなかった。いったい会社で何が起ったのか。

「だから言っただろう、伊勢丹なんかじゃだめだって」

「うちに来いよ。いまだったら、お前のこと迎えられるから」

「いや、うちがいい。俺が会社に話すから」

地球の反対側のアルゼンチン。先輩たちの声をうわの空で聞きながら、ただ茫然とファックスを握りしめていた。出発前には、何も言われなかったのに。いったい何がどうなっているのか。

会社からは何の連絡もなく、日本に帰ってから詳細を聞くしかなかった。

帰国翌日、出社するとすぐに及川部長に呼ばれた。

「吉田。もう知ってるかもしれないけど……」

その表情とその一言で、ニュースが本当だったということを確信した。「もしかしたら何かの間違いでは」、アルゼンチンからそのときまで、そんな淡い希望が心のどこかにあったのだが、その希望の火は消えた。

「残念なことだが。会社は経営不振。そこから脱する明るい材料もいまのところ、ない。これは経営会議、役員会議を経て、決まったことだ。今後ラグビー部は……」

事実をつきつけられて、まっすぐに立っていられないほど動揺した。

ニュージーランドからの選手補強、東日本社会人への昇格、グランドの新設、ラグビー留学、伊勢丹ラグビー部の強化は着実かつ確実なものに思われたが、それが一転。部費の削減、監督とヘッドコーチの解任、グランドの売却……。

役員会議では、廃部まで検討されたという。それを食い止めたのが頭山さんだったとも聞いた。自分なりに状況を把握し、考えをまとめようとしたが、まだ現実を受け入れる準備もできていない。すると部長はこう続けた。

「監督もコーチもいなくなる。でも、ラグビー部は存続するわけだから。リーグから撤退するわけでもない。環境は変わるが、ラグビーは続けられる」

「はい。それはありがたいと思っています」

「そこでだ、吉田」

「はい」

「ついては、お前にキャプテンになってもらいたい」

「えっ？」

「誰かがチームをまとめなきゃならない。お前しかいないんだよ」

言葉も出なかった。単なるキャプテンなら、まだ話はわかる。先輩も多くいる七人制代表のチームでも、キャプテンも務めさせてもらった。ところが、監督もいなく、ヘッドコーチもいなく、先輩も大勢いる中で、入社三年目の私がキャプテン？　これは想像もつかないことだった。

「ちょっと待ってください。それは考えられません。自分はまだまだ代表で活躍したいと思っていますし、伊勢丹ラグビー部にも貢献したいと思っています。もちろん仕事も。ただ、指導者不在のチームのキャプテンということは、その指導者の分までキャプテンが何かしらの関わりで役割を担うということですよね。それは想像できません。無理です。難しいと思います」

やっとのことで、そう答えた。

すると、部長は苦笑いしながらこう言った。

「そう言うと思っていたよ」

よかった。私が断ることは前提だったのだ。

ところが、ほっとしたのもつかの間だった。

「だけどこれは、辞令みたいなものなんだよ。だから、受けてもらうしかないんだ」

「辞令、ですか？」

「そう。会社の辞令」

役員会でラグビー部の存続を主張してくれた頭山さんに、反対する側の役員から、「監督もコーチもいないラグビー部を、誰が引っ張っていくのだ」という質問が上がった。その頭山さんの答えが「うちには吉田君がいるじゃないか」ということだったらしい。

何度も言うが、想像もつかないことだった。そして、見えてくるものと言えば混乱か困難だけだった。しばらくの沈黙。しかし、部長も黙って待っていてくれた。

伊勢丹に入社を決めた理由は、ラグビーだけではなかった。ラグビーを続けられる環境がありながら、日本代表でいながら仕事ができるというのが理由だったはずだ。その会社の経営状態によって、ラグビー部が影響を受けるのは、むしろ当たり前のことだ。環境が変わろうと、ラグビーは続けていける。そして私は入社三年目。まだ伊勢丹に何の恩返しもできていない。

「わかりました」

ここで逃げるわけにはいかない。そう思った。だから、引き受けることにした。

一九九三年五月末。二四歳の大きな出来事だった。


監督代行、コーチ代行というキャプテン。それまでは指示を待つ側だったのが、指示を出す側になったのだ。それはつまり、内外の雑事も降りかかってくるということだった。

さしあたっての問題はグランドだった。一年と少し前、やっと手にしたラグビー部専用グランドだったが、会社の赤字補てんのために、その土地の売却が決定した。日々の練習は、再び独身寮の中庭にもどることになる。そして水曜日の全体練習のために、グランドを確保しなければならなくなった。

そんな矢先、グランドの売却先が決まったと聞いた。それがなんと、警視庁。しかも、しばらくはグランドとして残すという。

警視庁にもラグビー部があり、当時は関東社会人リーグ二部にいた。その警視庁ラグビー部には専用グランドがなく、伊勢丹のグランドが空いているときに使わせてほしいという依頼がしばしばあった。伊勢丹ラグビー部のグランドは、基本的には平日の夜と水曜日以外は使っていなかった。だから、使用時間が重ならなければ、警視庁に使ってもらっていた。

問い合わせてみると、将来的にはその場所に警察署が建てられる計画だったが、それまでは警視庁ラグビー部が使用するということだった。今度はこちらがお願いする立場になった。過去の経緯もあったので、警視庁は快く応じてくれた。当面ではあるが、グランドの確保はできた。


この年の東日本社会人リーグは三勝三敗一分で乗りきり、二年連続で全国社会人大会に出場することができた。しかし、その全国大会では初戦のワールドに15対56で敗れ、前年に続いて一回戦敗退となった。

その間の九月から一〇月にかけて、日

監督代行、コーチ代行、そしてキャプテンという伊勢丹時代。

本代表はウェールズに遠征する。主将は東芝府中の薫田真広さん。強いリーダーシップを感じさせる人で、メンバーからの人望も厚かった。伊勢丹のキャプテンを引き受けて初めての代表遠征。単なる一選手としてプレーに集中できる幸せを初めて感じた。地域選抜チームには三勝したが、ウェールズA代表には5対61、ウェールズには5対55で完敗。これで韓国に勝てるのか、韓国に勝ってワールドカップに行けるのか。小藪監督の解任までささやかれた遠征だった。

伊勢丹ラグビー部の強化縮小は、じわじわとチームを窮屈にしていった。社歴の長い先輩たちは、それぞれ自分なりのアマチュア感覚を持っていて、会社に愛着もあったから、会社の方針に理解を示していた。会社が苦しいんだから、しかたがないじゃないか。一方で後輩たちには、権利を奪われたと感じる者もいて、不満の度合いもさまざまだった。

先がないとわかってチームを離れていく選手もいた。残った選手も考え方はまちまちで、それを何とかまとめようとすると、会社側の人間のように見られて反発を買った。会社の立場をわかれと言っているのでもなく、偉そうにしているわけでもなかったが、そういう状況に置かれたメンバーたちにはなかなか通じなかった。

企業スポーツとは、何なんだろう。何度も自分に問うてみた。

社員たちが一生懸命働いて稼いだお金。そのお金をチームの運営に使っている。少々の額ではない。そのチームは、どうやって会社に還元できるのか。練習時間は自分たちの時間で工面しているとはいえ、遠征や試合となれば、デパートの掻き入れどきの土曜日曜に、四〇人もの男性社員がいなくなるのだ。ラグビー部が活躍すれば、伊勢丹の知名度も上がり、お客さんが増えるかもしれない。チームが新聞やスポーツニュースで報じられれば、社員の愛社精神も強まるかもしれない。しかし、そんな「かもしれない」で本当に還元できているのだろうか。

また、チームメイトには家族もあれば恋人もいる。それぞれの事情が異なるから、ラグビーと向きあうスタンスも微妙に違ってくる。大学のときのように全員の目的が同じなら、そこに向かうように号令をかければよかったのだが、ここではそうはいかない。

社会人歴三年、二四歳の私は、会社のことも社会のことも、まだ何もわかっていなかった。企業スポーツがどんな形で会社に貢献できるのか。そこにいる選手がどう貢献すべきなのか。それをチームメイトにも自分にもアドバイスできなかった。

しだいに孤立していくなか、初めて指導者という立場を意識した。会社からは「ゆくゆくは監督に」といわれていたが、まるでぴんときていなかった。しかし、そういう立場に置かれてみて、指導者としての知識や見識が必要なのだと痛感した。それには、勉強が必要だ。

何を、どこで、どう勉強すればいいのか、具体的にはなっていなかったが、その気持ちは日々強くなっていった。

一九九四年。この年の最大の目標は、ワールドカップ最終予選に位置づけられたマレーシアでのアジア大会の優勝だった。前回大会は韓国は四連覇を阻まれ、日本が優勝していた。しかし日本と韓国との直接対決はないままだった。この大会でも、優勝候補は日本か韓国。優勝したチームだけがワールドカップに出場できるのだった。

その前哨戦に位置づけられたフィジーとのテストマッチに二連勝し、ウェールズ遠征からの修正が結果に表れ始めたことを実感しつつマレーシアに乗り込んだ。

予選リーグの初戦。その台湾戦の最中にグランド内で選手同士の乱闘が起こった。左ウイングである私はメインスタンド側のタッチライン近くにいたのだが、そのもみ合いは反対側のタッチラインで始まった。摑み合いに誰かが割って入る。その誰かをまた他の選手が摑む。レフリーも止めに入る。すぐに収まるだろうと思っていたが、その選手のかたまりはなかなかほぐれない。そろそろ私も行った方がいいかと歩き始めたときだった。

私のすぐ後ろにあった台湾ベンチからリザーブの選手たちが飛び出してきた。彼らに遅れてはいけないと思った瞬間、背後に人の気配を感じて振り返った。そのときにはもう遅かった。乱闘の輪に向かうとばかり思っていた台湾選手の一人が、私に向かって飛んでいた。腰に、スパイクでの飛び蹴りの一撃！「何するんだ！」。そう叫んだが、怒りよりも痛みの方が勝っていた。その場に倒れ込み、負傷退場。

病院に行くと、腰にくっきりと二つのスパイクスタッドの跡がついていた。しかしその外傷より、蹴られた衝撃で腰全体に痛みがあり、まったく走ることができなかった。決勝までは一〇日もない。焦っても意味がないことはわかっていても、心は焦ってしまう。とにかく治療に専念するしかないのだと自分に言い聞かせた。

治療とマッサージ、そしてリハビリ運動。数日間はその繰り返しだった。チームは予選の残り二試合を快勝し、決勝に勝ち上がっていた。決勝の対戦相手は韓国に決まった。私がようやく全力で走れるようなったのは、決勝戦の前日だった。小藪監督に「いけるか」と訊かれ、「はい、大丈夫です」と答えた。

決勝前日の夜、ホテルのベッド。なかなか寝つくことができず、目を開けると薄明かりの中、薄灰色のヤモリが白い壁に張り付いていた。

韓国が強敵なのはわかっていた。その年のチームはとくにバックス全員がスピードがあり、日本のバックス陣よりスピードは上だった。パワーもあり、コンビネーションも優れている。勝機はどこに見出せるのか。もし、この韓国戦に負けたら……。

壁のヤモリがつつつっと動いた。それを目で追う。

ここで負ければ、翌年のワールドカップはない。日本はワールドカップに出られないのだ。その次は一九九九年。その頃、自分は現役でいるのだろうか。代表にとどまっていられるのだろうか。そして、伊勢丹ラグビー部はどうなっている？

またヤモリが動く。

やめよう、考えるのは。まして、負けることなど考えてはいけない。とにかく全力をつくす。全力で走る。そして明日は韓国に勝つ。

ヤモリはいなくなっていた。


決勝の韓国戦は激闘だった。前半は私もトライを決めてリードしたものの、後半の韓国は必死に食い下がってくる。一時は五点差まで詰め寄られたが、日本の方が冷静に戦い、後半二九分に私が二つ目のトライを奪い、それが決勝点となる。二大会連続のアジアチャンピオンだったが、韓国を倒しての優勝と、翌年のワールドカップ出場権を得ることができた格別な勝利だった。


マレーシアから帰国したその日、成田空港に協会が用意したバスが待っていた。いつものことであるが、バスの昇降口の脇に新聞が積み上げられていた。遠征や大会期間中に、チームがどう報じられたかを知らせるためのものだ。

その新聞の山の一番上にあったものを手に取り、座席に座る。そして新聞をめくっていると、こういう記事が目に飛び込んできた。

『ジャンボ鶴田、筑波大学大学院に合格！』

ジャンボ鶴田さんは日本のプロレス界を代表するレスラーで、B型肝炎での長期入院後も現役を続けていた。そして、今後のプロレス界発展のためにもと、受験を決意したそうだ。そして社会人特別選抜としてみごと合格。スポーツ研究機関や教育機関で、元レスラーが活躍できるよう、その先鞭をつけたいということだった。

筑波大学体育研究科。これだ！

私が学ばなければならないこと。スポーツをとりまくありとあらゆること。キャプテンとして、ゆくゆくは指導者として、選手たちとどう向き合うべきなのか。何を伝えていかなければいけないのか。それが、ここにある。ここしかない！　ワールドカップ出場を決めたマレーシアからの帰りのバス。たまたま手にした新聞。そしてジャンボ鶴田さんの大学院合格の記事。これは運命だと思った。

さっそく調べてみると、筑波大学大学院に社会人特別選抜制度というものがあり、一年目は講義を受け、二年目に論文を書いて、修士論文が合格すれば修士号を取得できるというシステムだった。ただし、会社勤務とラグビーとの両立は、そうとう厳しいものになりそうだった。ただでさえ時間が欲しいのに。しかし、どんなに大変であろうと、それでも行く。心は決まっていた。

大学院に通うためには、会社の許可がいる。さらに、一年目の必修単位をとるには、火曜日の午前中はどうしても大学に行かなくてはならない。他の講義は週休二日制の休日を平日にあてて出席できそうだったが、火曜日の午前中の講義だけは会社にお願いしなくてはならなかった。すぐに人事部に相談に行った。

「吉田君の気持ちはよくわかるよ。いきなりキャプテンを任され、やがては監督をやってほしいと言われ、そこで勉強したいというのは素晴らしいことだと思うよ。だけど残念ながら、うちにはそういう制度がないんだ。スポーツのために大学院に行かせるという制度が。ビジネススクールならあるんだけどね」

「自分の時間を使って行くんです。会社には迷惑かけないようにします。ただ、私の専攻だと火曜日の午前中だけ、どうしても受けなければならない講義があるんです。そこだけ何とか考えていただけないでしょうか」

「前例がないんだよ」

「前例。だったら、私を前例にさせていただけないでしょうか」

あきらめはしなかったが、その場ではどうにもなりそうになかったので、一度下がることにした。

監督、コーチがいなくなり、キャプテンとして初めて戦った一九九四年の東日本社会人リーグは、四勝三敗で六位。第四七回全国社会人大会への切符を手にするためには、決定戦に勝たなくてはならなかった。その対戦相手は秋田市役所。53対17で勝って全国大会に進んだが、一回戦で関西リーグのワールドに敗れる。

チームをまとめ、さらには遠い将来、指導者となってラグビーを広めていくためにも、大学院で学ぶ必要を強く感じていた。

第八章　最後のワールドカップと大学院入学

一九九五年の日本代表やワールドカップについては、これまで多くを語ってこなかった。余計な誤解を招きたくなかったし、私の中では終わったことだから、ということにしてきた。しかし、自分のラグビー史を振り返るとき、避けて通るわけにはいかない。これは私が見て、経験した事実であって、誰かを批判するつもりは毛頭ないことをわかっていただきたい。

宿澤広朗監督の後を受けて代表の監督に就任したのが小藪修監督だった。新日鉄釜石の三連覇時代に監督としてチームを率いた人だったが、それからの一〇年は仕事に専念していたと聞いた。ラグビー界から一〇年も離れていた人に急に代表の監督をやれというのだから、気の毒ともいえる。

その一〇年の間には、ラグビーは大きく変化していた。世界のラグビーも、日本のラグビーも。選手たちはその変化をずっと感じながら前進してきたので、久々にラグビー界に復帰した監督とのギャップは大きかったと言わざるを得ない。アジア大会で優勝し、ワールドカップの出場権を得たのも、新たなアプローチによる効果はあったが、それ以上にしっかりしたラグビー理論を選手に植え付けた、宿澤前監督の遺産が大きな要因であったと思う。

ある合宿の練習で、こう言われた。「変な動きをするな、サポートがつけないから。フォローできないような動きはするな」。これには驚いた。私のスピードとステップワークが日本の武器なら、それを生かし、フォローをどう考えるかが勝利につながっていくはずだ。ところが、そうではないと言われると、疑心暗鬼にもなってくる。他の多くの選手も同様で、監督との信頼関係はしだいに崩れていった。

このままではワールドカップを戦えないと、協会が懸念したのかどうかはわからないが、採られた対策というのが、平尾誠二さんの四年ぶりの代表復帰だった。コーチ兼任選手として。平尾さんは私が代表入りした頃からの日本の中心選手で、代表のキャプテンだったこともあり、かわいがってもらった。当時は神戸製鋼でプレーをしていたが、すでに代表は引退していた。その平尾さんの復帰。しかも、本番まで残すところ一か月という時期に。

平尾さんのポジションはスタンドオフ。そのチームのスタンドオフは大学生の広瀬佳司で、プレースキッカーとしても優れた選手だった。平尾さんが入れば広瀬は試合に出られない。つまりプレースキッカーがいなくなる。ではプレースキックを誰が蹴るのか。結局、出ている一五人の中で一番うまい選手が蹴るしかない。それが私ということだった。

当時、一〇〇メートルを一〇秒台で走る私にとって、何より大事なのが身体のバランスだった。つねに体幹を鍛え、バランスを保つことによってスピードを維持することが、チームの武器になるはずだと信じていた。一方で、左足に重心をかけ、右足を振りぬくプレースキックの動作は、やりすぎてしまえば身体のバランスを崩すことにつながりかねない。しかしプレースキッカーとして精密機械のようになるためには、繰り返しキックを蹴り込んで身体に染み込ませる必要がある。だから内心、キッカーを務めることにためらう気持ちがあった。

しかし、チームはプレースキッカー不在。「やります」。そう言うしかなかった。それからの個人練習は、プレースキックばかり。グランドのさまざまな場所からゴールを狙って蹴り込む。ひたすら蹴って、なんとか壮行試合までに仕上げた。

ワールドカップの壮行試合は、ルーマニアを迎えて秩父宮ラグビー場での試合だった。これが本番に向けての集大成。どういう戦いをするのか、日本のファンに観てもらう試合でもあった。私が出場しなかった第一戦は25対30と惜しい試合。そして五月三日の第二戦。平尾さんの復帰試合は私もスタメンだった。そこで私はトライもあげ、プレースキックも決めた。34対21での勝利。トライ数は日本の5に対してルーマニアは0。内容では快勝だった。

これでいくしかない。そういう気持ちで乗り込んだ南アフリカだった。

アパルトヘイトへの制裁で第一回、第二回のワールドカップ出場を拒まれていた南アフリカ。そのスプリングボックス（＝南アフリカ代表ラグビーチーム）が地元でどんな戦いを見せるのかが注目された第三回ワールドカップだった。

予選リーグの日本の対戦相手は、ウェールズ、アイルランド、そしてニュージーランドだった。いずれもランキングははるか上位の国であったが、目標はウェールズ、アイルランドでの二勝。ニュージーランドにしても、簡単に負けるわけにはいかないと、どの選手も思っていた。

初戦はウェールズ。その試合の三日前のメンバー発表。

「11番、増保」

耳を疑った。何かの間違いではないかと監督の顔を見た。しかしメンバー発表は淡々と続く。しかも、リザーブにも私の名前はなかった。何が起こったのかわからなかった。一九歳で初代表に選ばれて以来、ずっとテストマッチに出場し、国の誇りをもって魂のラグビーをしてきた。そのことは、先人の誰もが成し得なかった二七連続キャップという数字が実証してくれていた。日本代表のエースだと自負していた。このワールドカップの壮行試合ではチームのためにプレースキッカーも務め、トライゲッターとしても前回のワールドカップから成長した自信があったし、体調も万全に仕上げていた。その自分がベンチ外。

私に声をかける選手はいなかった。声をかけられなかったのだと思う。気がついたら、みんなと離れてグランドの隅にいた。泣いた。悔しくて。一人きりで大泣きした。

そしてもう一つ、前回のワールドカップと大きく違っていたのは、チームの空気だった。国際大会は物見遊山ではない。日本を代表し、日の丸を背負っている以上、必死で戦い、全力を出し切らなければならない。とくにワールドカップは、四年に一度の、国の名誉と威信、誇りをかけて戦う大会なのだから。よって当然のことながら、私は海外の大会では、試合にだけ集中することを考えて、体調管理を最優先した。試合のない日は身体を休め、次の試合に向けて体調を整え、コンディションを最高の状態にもっていく。相手を研究し、どう戦うかをイメージする。

たまの外出でリフレッシュすることもあるが、基本はホテルとジムとグランドだ。しかもこの時の南アフリカは治安が悪く、警備の付添なしには出かけてはならないと言われていた。ところが残念なことに、一部の選手たちは、毎晩のように警備員を連れて外出していた。「勝つこと」に向けてのミーティングも意思統一もほとんどなかったのが、この大会の代表チームだった。

五月二七日のブルームフォンテイン。初めてスタンドから観る日本代表。スターティングメンバーのバックス七人のうち五人が神戸製鋼の選手だった。もちろん全員が日本を代表する選手なのだから、誰がスタメンに入ってもおかしくはないのだが、この試合は、平尾さんを中心としたバックス陣であったのは、一目瞭然だった。

結果は10対57。個人の身体能力、スピード、フィットネス、ボールコントロール、どれをとっても世界がレベルアップしていることを、スタンドで観戦していて思い知らされた。

第二戦のアイルランド戦は、スタメンで出場した。前半は１４対１９と互角の戦いをしていたが、やはり後半には差をつけられてしまう。プレースキックを任された私は四本のゴールキックをすべて決めたが、結局２８対５０で敗北。予選敗退は決定した。

そして最終戦は六月四日。二連勝のニュージーランド代表、オールブラックスが相手だった。すでに決勝トーナメント進出を決めていたオールブラックスのメンバーは、控え選手が中心だった。一方の日本代表

ブルームフォンテインの悪夢と呼ばれた対ニュージーランド戦

は、スタンドオフの平尾さんに代わってワールドカップ初出場の広瀬圭司。後に「ブルームフォンティンの悪夢」と呼ばれてしまうこの試合は、まさに悪い夢の中にいるかのようだった。自分たちのプレーが何もできないまま、前半だけで与えたトライが12。得点は3対84。後半に少しは持ち直し、梶原さんの2トライなどで一四点はとったものの、力の差は歴然だった。終わってみれば17対145。大会記録となる大敗だった。

試合後、選手の一部が自主的に集まってミーティングをした。どん底の屈辱を味わい、危機感を持った者同士が集まって、日本がこれから進むべき道を話し合った。

この年の九月、国際ラグビーボードはアマチュア規定を正式に撤廃した。つまり、世界は何年も前からプロ化に動いていたのだった。選手も、コーチもプロを目指していた。一度は世界のレベルに近づいた日本だったが、このままでは再びおいて行かれてしまうのは明白だった。

ワールドカップ終了後、その責任をとるかたちで小藪監督は退任し、山本巌氏が新監督となった。山本体制は一九九七年までの約一年間だったが、一九九六年の第一回パシフィック・リム・チャンピオンシップに一度だけ招集された。その大会での香港代表戦が、私の代表最後の試合となった。もちろんそのときは、最終キャップなどということは考えもしなかった。スピードもフィジカルも自信があり、日本代表で必要とされる存在だと思っていた。

しかしその後、日本代表に呼ばれることはなかった。代表チームは監督によってそのカラーが異なる。どこを目標にして、どのようなスタイルで戦っていくかにより、選ぶ選手も変わってくる。戦術ならば、その監督のスタイルに合わせることもできるが、求められるものが個性であるならば、選手はそれを変えることはできない。

一九九七年、日本代表監督は、山本巖氏に代わって平尾誠二氏が就任したが、私に声がかかることはなかった。日本が世界で戦っていくために、バックスの大型化が求められていた時代でもあったが、身長一六八センチの私にはどうすることもできない状況だった。世界には、一七〇センチ前後の身長で活躍している選手はいくらでもいた。いつか再び、自分が代表に求められるときがくる。そう信じるしかなかった。

このシーズンの東日本社会人リーグは五位に終わり、全国大会の予選も一勝二敗で、決勝トーナメントを逃してしまった。

一度は引き下がった大学院受験だったが、ワールドカップ終了後、再度会社に頼んでみた。先輩たちにも、もちろん最大の理解者である頭山さんにも相談していたが、みんな後押しをしてくれると言ってくれた。そういった周囲の応援のおかげだと思うが、しばらくして人事部に呼ばれ、「大学院の件を許可する」と言ってもらった。

受験の結果、筑波大学大学院修士課程体育研究科に無事合格する。

一九九六年四月。いよいよ大学院に通うことになった。一年目が始まっての一週間のスケジュールは、ほぼ次の通りだった。

月曜日　勤務　夜・講義　友人宅に泊
火曜日　午前・講義　午後・勤務　夜・練習
水曜日　（定休日）午前・講義または全体練習　午後・講義　夜・自主練習
木曜日　勤務　夜・練習
金曜日　勤務　夜・練習もしくは講義
土曜日　勤務
日曜日　試合もしくは練習

筑波大学は茨城県のほぼ中央、つくば市にある。現在はつくばエクスプレスという路線があり、上野から乗り換えなしで行けるようになったが、当時はＪＲ常磐線の荒川沖、もしくは牛久が最も近い駅で、筑波大学へは常磐線の駅からバスを使うしかなかった。

一九九六年五月二八日、北島忠治監督が亡くなられたという知らせを受けた。しばらく病床にあり、容体もすぐれないと聞いていたので、いつかその日が来ると覚悟はしていた。しかしその覚悟にもかかわらず、訃報の重みは想像以上だった。

その日、私は出勤していたはずなのだが、北島監督の訃報をどこで、誰から聞いたのかをまったく憶えていない。ただ魂を抜かれたかのように頭は空白になり、それでいて傍から見れば普段通りに働いていたのだと思う。目を閉じれば、八幡山での、秩父宮ラグビー場での、国立競技場での北島監督のさまざまな顔が浮かび、知らずしらず涙がこぼれていた。

北島監督が明治大学ラグビー部を指導されて六七年。そのうち、私が八幡山のご自宅で初めてお目にかかり、卒業するまではわずか四年だ。しかしその四年間に北島監督のラグビーの真髄に触れさせてもらえたのは何よりの幸運であり、その四年間に私のラグビー魂がつくられたと言っても言い過ぎではない。小細工を嫌い、どんな局面でも正々堂々とぶつかっていく。その「前へ」の精神は、明治の伝統として脈々と受け継がれ、ラグビーにおいてだけでなく、人としての成長に大きく影響を及ぼした。

北島監督から教わったものがあまりに大きかったため、その喪失感は自分の想像を超えていたが、やがて北島監督はどこへも行っておらず、私の心のなかにどっかりといらっしゃることに気づく。そしてそれは、北島監督の薫陶を受けたすべての明治ラガーマンも同じなはずで、さらに北島監督の「前へ」の精神は、明治大学ラグビー部に永遠に受け継がれていくのだ。

仕事に講義に練習と、とにかく忙しい毎日だったが、講義は面白くてしかたがなかった。栄養学、心理学、社会学、経営学、発育発達学など。どれもが、それまで自分がずっと身を置いてきたスポーツの世界を、さまざまな観点から研究したもので、それを知り、何かを発見すると、さらに新たな好奇心が呼び起こされた。教授の話を一言も聞き逃すまいと、いつも最前列で講義を受けた。

さらに刺激を与えてもらったのが、同級生たちとの交流だった。オリンピックを目指したアスリートから現役のスポーツ指導者。かと思えばまったくスポーツ経験のない人までいた。目指すものはそれぞれだったが、ラグビーの世界で人生を歩んできた私にとって、彼らの話はどれもが新鮮で、大学の近くにアパートを借りている同級生に、月曜日だけ泊まらせてもらえないかと頼んだ。月曜の夜、講義が終わると、たいてい何人かの同級生がそこに集まった。遅くまで語り合いを続けるのが、楽しいときでもあった。

一九九三年にサッカーのJリーグが発足し、大いに盛り上がりを見せていた。子供たちに人気のスポーツも、サッカーが野球に追いつくほどになっていた。一方でラグビーはといえば、ワールドカップの惨敗もあってか、かつての人気に陰りが見え始めていた。

危機感を抱いた日本協会が着手したのが、底辺の拡大だった。ラグビー協会の中に普及育成の部門を立ち上げ、その一つの事業として全国の子供たちを対象に、代表クラスの選手が直接指導するという、ラグビー・キャラバンを開始した。そのラグビー・キャラバンに参加してほしいとの打診があったのが、大学院に入学して間もなくのことだった。

指導者を意識しての大学院だったし、それが協会の役に立ち、ラグビーの発展につながるなら、どうしても行きたかった。これも会社に迷惑をかけることなのだが、なんとか理解してもらい、試合のない土日を使って参加することになった。

ところが、現場に行ってグランドに出てみると、「あの吉田さんが来てくれたんだ！」と握手で大歓迎してくれるのだが、そう言った大人たちの表情が一様に固い。それはやがてわかったのだが、彼らの中に「自分たちが教えていることを吉田に否定されたらどうしよう」という不安があったのだった。たいていの指導者は自分たちの熱意と経験値だけを元に教えているような状態だったので、それを覆されたりして子供たちの信用を失うことが怖かったのだと思う。それを知ってからは、できるだけクリニックの前夜に現地入りし、指導するコーチや親御さんに会い、指導内容とその目的を説明することにした。

ラグビー・キャラバンで感じたのは、ただ有名選手が人集めのために行って、その場だけの指導をするのではなく、ラグビーが子供たちの身体と精神の発達にどれほど寄与するのかという理論を確立し、それを提唱していく必要があるということだった。

この経験もあり、私の修士論文のテーマは『ゴールデン・エイジ』に決まった。

ゴールデン・エイジとは、九歳から一二歳。人の成長における医学的な観点からいうと、人間の成長には三本の柱があり、一つ目は骨の成長、二つ目は筋肉の成長で、三つ目が神経系の成長である。この三つ目の神経系の成長が、最も顕著なのが九歳から一二歳期といわれている。この神経系の感受性が強い時期に、一つのスポーツにこだわることなく、さまざまな運動をすることによって、神経系の発達がさらに促されてバランス感覚が養われ、後の競技のスキルの習得幅が大きくなるというものだ。

テーマが決り、あとはどういう知識を身に着けて、論文に仕上げていくかが課題になった。


東日本社会人リーグの戦績は四勝三敗で四位。全国大会に出場することになった。この予選リーグ四チームの中で上位二チームが全国大会の決勝トーナメントに進み、そしてそれは、全国でベスト8を意味する。

初戦の近鉄戦に62対12で勝利。これで勢いがついた。二戦目の三洋電機には32対39で惜しくも敗れるが、最終戦のNTT関西に33対19で勝利し、全国大会の出場権を得るとともに、伊勢丹ラグビー部史上初の全国ベスト8となった。

監督もコーチも不在で専用のグランドも持たない社会人チームが、全国のベスト8。先輩たちがよくまとめてくれ、後輩たちもよくついてきてくれた。このチームを本当に誇らしく思った。

大学院の方は論文にとりかかっていた。

九歳から一二歳のゴールデン・エイジ。この骨と筋肉と神経の成長期に、いかにさまざまな種類の運動機会を与えるかが、その後の運動能力に大きく影響してくる。それを示すために私が選んだ被験者が、世界を代表するラグビー選手たちだった。一九九五年のワールドカップで優勝した南アフリカをはじめ、ニュージーランド、オーストラリアの元代表選手からそれぞれ一五人を選んだ。それで四五人。つまり、すべての被験者がワールドカップで優勝を経験していた。これには教授も驚いていた。「このレベルの被験者たちからこれほどのデータが得られることは、まずない」と。加えて日本代表から一五人。

世界トップクラスの六〇人のアスリートたちが、ゴールデン・エイジとそれ以前にどんなスポーツをし、どんな遊びで身体を動かしたかなどのデータをアンケートで集めた。どの選手たちも、「吉田のためなら、ラグビーのためなら」と快く引き受けてくれた。

このアンケートによって得られたデータから見えてきたのは、ワールドカップで優勝を経験するほどの選手たちが、実はゴールデン・エイジに、ラグビーに専念していたわけではなく、さまざまなスポーツを経験していたということだ。海外のほとんどの選手は、テニス、陸上競技、バスケットボール、水泳、クリケットなど、ラグビーと同時に他のスポーツもしていて、しかも三種目は当たり前、中には五種目という選手もいたのだ。

その一方で日本人選手は、その時期にまだラグビーに出会っておらず、他のスポーツをしていたとしても、大半の選手が一種目しか経験していない。

つまり、世界のトップクラスのラグビー選手が証明してくれたのは、ゴールデン・エイジに基本動作の違うスポーツを経験することで、より多くの動作情報がインプットされ、成長期の運動神経系の発達を促す可能性が高まるということだ。

そしてラグビーは、「走る」、「跳ぶ」、「(ボールを)投げる」、「(ボールを)受ける」、「(相手を)捕まえる」、「(相手に)ぶつかる」、「(相手を)避ける」といった、きわめて多種類の基本動作が求められる。ゴールデン・エイジにラグビーを経験することは、後に他のスポーツに専念することになっても、その時期に運動神経を成長させるのに大いに役立つはずだと考えた。

さらにゴールデン・エイジは、社会の中で自分の存在価値を認め始める時期であり、自我も芽生えて親離れが始まって、友人との絆を求めようとする。つまり、児童心理学や児童社会学の観点から見ても、集団スポーツを経験することは、家庭以外の社会で、自分の役割を見つけて存在価値を見出すのに有効であるということだ。

『ラガーマンのゴールデンエイジに関する研究』一四五ページの論文。審査にあたってくれた教授の皆さんが「吉田君、修士論文じゃもったいないね。博士論文でも通ったかもしれないのに。そもそも、こんな被験者たちから、普通はデータはとれないよ」と言ってくれた。お世辞でも嬉しかったが、私にとっては、与えられる称号よりも、大学院で学んだことの方が大きかった。

それまでラグビーを通して知ったことや学んだことの大半は感覚的なものだったが、そこに、大学院の講義でなくては知り得なかった知識が加わった。これで、これからは言葉に変えて人に伝えることができる。それらのすべてがプレーヤーとして、指導者としての私の財産なのだと思った。

大学院修了の後、社会人になってから付き合っていた女性と結婚した。二七歳の新たな生活のスタートだった。

第九章　日本人初のフランストップリーグ選手

一九九七年のシーズン。東日本社会人リーグでは四勝三敗、五位と健闘し、二年連続の全国大会出場も果たした。予選リーグはプールC。初戦の日新製鋼と二戦目の大阪府警に連勝し、予選二位を決めた。最終戦の東芝府中には19対67で敗れるが、連続ベスト8は嬉しかった。

決勝トーナメントは、東日本で戦っているサントリー。九月のリーグ戦では勝利している相手で、ここを突破すれば、初のベスト4が見えるところまで来ていた。一二月二七日の秩父宮ラグビー場。チームの状態は決して悪くなかったが、どこかゲームが落ち着かない。終始ペースを握られ、結局10対35。またしてもベスト8の壁を破ることはできなかった。

一九九八年、伊勢丹に入社して七年目。会社のマネージャー試験を受けることになった。会社には迷惑をかけていたので避けることはできなかったし、ラグビーのせいにもされたくなかったので、失敗するわけにはいかなかった。

ところがマネージャー試験に合格すると、状況は一変した。ある程度は想像していたが、その想像以上の変化だった。新しい部署での肩書は「社外広報担当マネージャー」。中間管理職で、部下もできた。そうなると、マネージャーである私が土曜日曜に休みをもらってラグビー部の活動に始終出かけるわけにはいかない。上司が率先して働かなくては、部下がついてきてくれるはずがない。伊勢丹においては、ラグビーはあくまでも「趣味の領域」なのだから。

まずはラグビー部のメンバーに話し、理解を求めた。マネージャー試験に受かったのを期に、ラグビーの第一線をしりぞいていった先輩も多くいたので、仕事最優先ということにはみんなが納得してくれた。ただ、ラグビーを諦めることは頭になかった。

「一年間、待っていてほしい。一年、仕事に打ち込んで自分なりのスタイルを作る。そして周囲から応援してもらえるような環境ができたら、練習にも参加できるはずだから。とにかく一年、仕事に没頭するから」

その言葉に、みんなが頷いてくれた。

そして、ラグビー・キャラバンで声をかけてくれたラグビー協会にも、ラグビーの普及のためにずっと続けたかったけれど、どうしても許される状況ではなくなったと頭を下げた。

社外広報担当。つまり伊勢丹の良さを社外に広め、それを認めてもらって利益につなげていく部署だ。そのためにはまず、社内のことを十分に知る必要がある。それぞれの売り場(お買い場)にどんな人がいて、他のデパートとどのような差別化に取り組んでいるのか。そして、そこにある伊勢丹の特徴を、どういう手段で伝えていくのか。また一からの勉強だった。

マネージャーになってまだ間もない頃、日本テレビの情報番組のディレクターが、広報部に挨拶にやってきた。名刺を交換すると、彼女はすぐに気がついた。「吉田さんですよね、ラグビーの」。彼女は学生時代にバレーボールの選手だったそうで、他のスポーツも熱心に観ていて私を知っていたらしい。

「いま、あちこちのデパートさんに挨拶に伺いながら、番組の企画を考えているところなんです。何か面白いことができたら、と思いまして」

聞いた瞬間、これはチャンスだと思った。黙って見逃す手はない。すぐにでも動かなければ。

しかし、広報担当になったばかりで社内の全容もつかめていない私に、たちまち企画にできるようなものはない。

「一日、できれば二日、それだけ待ってもらえませんか。必ずお返事しますから」

この機会を他のデパートに持っていかれたら、絶対に後悔する。そう思いながら、テレビで話題になりそうな売り場を考えた。話題性があり、効果が見込まれるのはイベントだと思った。デパートのイベントといえば、地下の食料品売り場。海外や地方の物産展など、地下はイベントの宝庫だ。すぐに食料品売り場に走り、担当部長に会った。

「何かできませんか。絶対にチャンスです。次のイベントを待っているわけにはいかないんです」

突然の新人広報担当の乱入に困惑したように、食品売り場の部長はこう言った。

「イベント、終わったばかりだからね」

その終了したイベントというのが、三重の精肉店が新しく出店してくれて、松坂牛の切り落としでメンチカツを作り、即売するというものだった。

「それです！　もう一回やりましょう！」

売り場にはさまざまな予定もあったはずだが、部長は頷いてくれた。

「わかった。すぐに手配してみよう」

当時、デパ地下のイベントを紹介するというのは、とても斬新な企画で、その日本テレビのディレクターもすぐに乗ってくれた。

「吉田さん、それで行きましょう」

ゴールデンタイムに日本テレビで流れる伊勢丹のデパ地下イベント。その効果は絶大で、翌日には「松坂牛のメンチカツ」を求めるお客さんが殺到し、その行列は、地下から一階へ、一階からデパートの外へと伸びた。もちろん予定販売数は即完売だった。

広報担当としていきなりの成果は、励みにもなったがプレッシャーにもなった。吉田は次にどんな企画を出してくるのか。会社の期待もひしひしと伝わってくる。売り場をかけ回って人と会い、広報チームで企画書を練る。関連業者やメディア媒体との交渉。そんな日々が続いた。

デパ地下に続いて大きな仕事になったのは、ベビー・子供服の靴売り場だった。これもテレビとの企画だったのだが、「サイズや形の合わない靴が原因で、子供の足が危険にさらされている」という趣旨の番組企画だと聞いた。このときもすぐに動いた。

「伊勢丹の靴売り場には、ドイツで資格を取ったシューマイスターという人たちがいて、大人から子供まで、きちんとサイズを測り、足に合った靴を提供するサービスがあります」と応えたら、「それ、やりましょう」と乗ってきてくれた。そのときの成果も大きく、一か月の予算目標を三日で達成したということだった。

こういった目に見える成果が出る現場は面白い。しかも広報というのは、デスクでじっとしていても仕事にはならない。アンテナを張り巡らせ、つねに動いているのが、私には合っていたのかもしれない。

しかし、どんなに忙しく、仕事に没頭しても、それは両輪の片方だった。もう片方は言うまでもなく、ラグビーだ。ふと仕事のことが頭から離れると、いつもラグビーのことを考えていた。だから可能な限り全体練習にも参加したし、時間がとれれば個人でのトレーニングもした。ただこのときは、少しでも仕事の実績を積んで周囲に認めてもらい、チームに戻れるような環境を作ることが先決だった。

一九九九年のリーグ戦には一試合も出場できなかった。チームは七戦全敗。翌年の入替戦に負ければ、社会人一部に降格となる。それでも、あの環境の中で、本当にみんなよく戦ったと思う。

そしてその日は突然やってきた。

伊勢丹ラグビー部、活動休止。マネージャー試験に合格したとき、ラグビー部のメンバーたちに「一年待ってほしい。必ずもどるから」と話していたが、その約束はかなわなかった。

数年前に廃部という話が持ち上がったが、監督もコーチも、専用グランドもない縮小体勢で、会社に存続を認めてもらっていた。しかし、バブル崩壊後の景気の衰退は予想以上で、あらゆる企業スポーツが廃止に追い込まれていた。伊勢丹も例外ではなく、経営状態は回復の方向には進んでいなかった。

会社の経営が思わしくない以上、何も利益を生まない企業スポーツが真っ先に整理されることは理解していた。しかし、現実のこととなって降りかかると、頭の中が真っ白になった。活動休止とは今シーズンの社会人リーグをもって撤退、廃部を意味した。

二〇〇一年一月。伊勢丹ラグビー部の最終戦。その試合を秩父宮ラグビー場のスタンドから観ていた。この日の東京は大雪で、秩父宮はグランドもスタンドも真っ白な雪に覆われていた。前年に東日本社会人リーグに昇格したセコムに１２対１７で負けはしたが、全力を出し切るんだという選手たちの気迫が前面に出た試合だった。

試合後のグランドで、雪の降る中、肩を寄せ合って泣いている後輩たち。本当に悲しくつらい光景で、かけてやる言葉もなかった。

今後、伊勢丹のチームとして、リーグに参戦して戦うことはできない。そうなってしまったいま、私はどうすればいいのか。自分にとっての両輪の片方がラグビーなら、そのラグビーを仕事に代え、両輪を共に仕事にして、人生を推し進める選択もあった。年齢は三〇歳。ラグビーの選手として、「まだまだ先がある」という年齢ではない。

小学生からその時まで、私を育ててくれたラグビー、私を育ててくれたスポーツ、それを失ったまま走り続けることはできなかった。

ならば、もし両輪がラグビーであり、スポーツであるとしたら？

そう思い至ったときには決断していた。吉田義人がいまここにあるのはラグビーのおかげであり、それに対して何かができるとしたら、それは日本のラグビーに、日本のスポーツに少しでも貢献することではないだろうか。

決断を具体的にするのに、悩む必要はなかった。まず考えたのは、プロということだった。日本のスポーツ界には、アマチュアとプロの二つの大きな世界がある。しかし、私はアマチュアの世界にしか身を置いたことがない。もう一つのプロという世界に身を置いて経験してこそ、何かを伝えるにも説得力を持つはずで、現役である以上、いまこそプロの世界に踏み込むべきだと考えた。

一九九五年に世界のラグビーはプロ化に踏み切り、南半球の三か国が集い、プロリーグがスタートを切っていた。その二年後の一九九七年には、北半球のイギリスとフランスでプロリーグが発足していた。行くならフランス。そう思った。

実は、フランスのラグビーに衝撃を受け、憧れるようになったのは中学生のときだった。ラグビーの本当の意味での面白さがわかり、全国大会で戦うことを意識するようになった頃だったが、当時、世界のラグビーに触れる機会はほとんどなかった。

そんなとき、NHKで放映されていたのが、イングランド、スコットランド、ウェールズ、アイルランド、フランスの間で戦われた、五か国対抗ラグビーだった。世界トップレベルのプレーにくぎ付けになったのは言うまでもないが、とりわけ衝撃的だったのが、シャンパンラグビーと例えられるフランスのラグビーだった。バックスにボールが回ると、そこから広いグランドを目いっぱい使ってダイナミックなパス攻撃が始まる。キックは使わず、とにかく素早く小さなパスで外側につないでいく。いったい何人いるんだ、と思うほど次々にフォローが現れ、パスが途切れない。そして相手ディフェンスの陣形が崩れたと見るや、すかさずそこを突いていく。この細かいパスの連続とフォロワーの存在がシャンパンの泡に例えられ、フランスのラグビーはシャンパンラグビーと呼ばれていたのだった。このスピーディーなラグビーに、私は目を見張った。当時はボールを受けたバックスは、まずパントで陣地回復、というのがセオリーといえた時代で、素早いパス回しとランで敵陣に攻め込むフランスのラグビーは、本当に目から鱗が落ちる思いだった。そして、体格に恵まれない反面、スピードが自慢の私にとって、「これが自分のラグビースタイルかもしれない」と感じたのが、そのときだった。

さらには、フランスが総合型スポーツクラブの先進国であったことも、理由のひとつだった。

「総合型スポーツクラブ」という言葉を初めて耳にしたのは、一九九三年に日本サッカー界が掲げた「Jリーグ百年構想」の中でだった。そして一九九六年、大学院でのスポーツ経営学の講義で、ドイツの総合型スポーツクラブの実情を学ぶことになる。この総合型スポーツクラブというのは、行政、企業、地域住民が一体となって、子供からプロまでのさまざまなスポーツをサポートしてクラブを運営していく形態で、Jリーグが目指すところもそれだった。

日本では子供のスポーツクラブやスクールがあり、中学校、高校では部活動があり、大学に入れば体育会の運動部がある。そして、企業スポーツとプロがある。ほとんどが運営も場所もばらばらだ。ところが、総合型スポーツクラブではプロを頂点として、下部組織が幼児まで広がっている。しかもその場は行政が提供し、多くの地域住民のボランティアがサポートし、そして経済的な支援を企業が担っている。ある意味、これは豊かな社会生活を送るための社交の場でもあり、大学院時代に学んで驚いたこの総合型スポーツクラブを身を持って勉強することも、将来役立つはずだと考えた。

普及育成委員のとき、協会のラグビー・キャラバンで知り合った人に、フランスラグビーに詳しい人がいた。その後も交流は続いていて、まずその人に聞いてみようと思った。

「じつは、伊勢丹を辞めて、フランスで、プロの世界でやってみようと思います」

「そうですよ、絶対にそれがいい！　吉田さんはフランスのラグビーが合っていると思います。向こうのチームに何人も知り合いがいますから、すぐに手紙を出してみます！」

即答だった。

当時、フランスのトップリーグには一二のチームがあった。そのうちのいくつかに、「日本の吉田義人が、フランスでのプレーを望んでいる。もし興味があるなら、連絡してほしい」という内容の手紙を送ってくれた。

反応は早かった。トップリーグの三チームと、その下部の一チームからオファーがあった。正直なところ、自分がどれだけ評価されているのかもわからなかったし、どこからも声がかからなければ、次はどこを当たればいいのだろう、などとも考えていた。それだけに四チームからのオファーは嬉しかった。

二〇〇〇年三月。伊勢丹に辞表を出した。まだどのチームのチェックも受けておらず、行先も決まっていなかった。先輩たちは、一旦休職してフランスに行き、どこかに合格してからでも辞表は遅くないのに、と言ってくれた。しかし、その選択肢は考えなかった。勝負をかけないやつに女神は微笑まない。保険をかけるようなやつには、火事場のばか力は出ない。

フランスリーグのシーズン終了は五月。六月頃にテストを受けるためには、ラグビー選手として肉体改造をする必要があった。その期間はわずか三か月。すぐにでも行動しなければならなかった。

その時点でも日本ラグビー協会はプロ選手を認めていなかった。プレーで報酬を得ることは禁止されたままだった。つまり、プロ入りするということは、日本協会との決別であり、二度と桜のジャージを着ることはできない、ということだった。そのことは協会から念を押されていた。アマチュアラグビーをこよなく愛し、アマチュアこそがラグビー精神の真髄だと信じてきた人たちの中には、「ラグビーを食い物にするのか」とまで言う人もいた。

でも私には、日本のラグビーがプロ化を目指す日が必ず来る、という確信があった。日本ラグビー引退の記者会見は、伊勢丹の部長同席のもと、協会でさせてもらった。

「日本協会に反旗をひるがえそうとしている者が、なぜ協会で」という批判も覚悟の上だったが、その時点ではまだアマチュア選手であったし、あくまでもアマチュア選手がフランスチームのテストを受けに行くという会見であったから、拒否される理由はなかった。

それよりも、企業スポーツが衰退していく中で、アマチュア選手にとって、こういう選択もあることを日本のトップアスリートの一員として示したかった。

入団テストとメディカルチェックは、フランスのシーズン終了後の六月下旬から七月いっぱいまで、一チーム一週間から一〇日間の日程で決まった。それまでの三か月弱という期間で、肉体改造をしなければならなかった。ただ、日本代表レベルの元の身体に戻すだけでは通用しないことはわかっていた。幸いなことに、怪我も後遺症もなかったので、毎日思い切り追い込んで鍛えることができる。そこで伊勢丹時代に知り合い、チームもお世話になった、信頼する宝田雄大さんという運動生理学の第一人者にサポートをお願いした。

宝田先生は当時、新横浜にある横浜スポーツ医科学センターに勤務していて、そこに来いと言ってくれた。宝田先生は私の身体を知り尽くしているので、すぐに肉体改造のトレーニングメニューを作ってくれた。それに従い、日々トレーニングに打ち込んだ。

限られた時間で筋肉をバランスよくつけていくには、ハードなメニューの連続だったが、二か月もすると、下半身はどんなテストを受けても大丈夫だと言ってもらえるまでになった。残りは上半身のパワーアップ。世界で戦ってきただけに、そこにいる選手たちのパワーは思い知らされていた。彼らと対等に勝負するには、強くて柔軟な筋肉がさらに必要だった。

宝田先生の正確な分析と的確なメニューのおかげで、出発前には何とか通用すると思われる身体に仕上がっていた。自信を持って行きなさい。宝田先生の言葉は、大いに励みになった。

オファーのあった四チームのテストを受け、その上で合格したチームの中から所属先を選ぶという考えはなかった。そもそも四チームすべてのテストを受ける体力があるとも思えなかったし、要するに気力の続く限り挑戦するのみとしか思っていなかった。だったら一番強いチームから。そう決めて日程を調整してもらった。

そのチームがUSコロミエ。パリから南に八〇〇キロ。スペインとの国境近くにトゥールーズという都市がある。そのすぐ東隣に、人口三万人程のコロミエ市がある。当時のUSコロミエはフランスリーグでも上位にいるチームで、前年のシーズンは準優勝していた。まず最初に、このチームのテストを受けることにした。

何十回も飛行機に乗って海外に行っていたが、ほとんどがチームメイトといっしょで、一人きりで乗るのはこれが二度目だった。一度目はニュージーランドの世界選抜に招集されたとき。あのときは、ただ飛行機に乗りさえすればよかった。到着すれば、向こうの受け入れ体制は万全だとわかっていた。

今回は招かれたわけではない。本当の意味で、一人きりだった。フランス語のできない自分がどうやったらコミュニケーションがとれるのか。どこまで英語が通じるのか。もし迎えがいなかったらどうすればいいのか。考えてもしかたがないのだが、どうしても考えてしまい、不安は大きくなる。結局、飛行機ではほとんど眠ることができなかった。

パリで乗り換え、トゥールーズに到着したのは深夜だった。空港で「Y・YOSHIDA」と書かれた紙を持ったコロミエのスタッフを見つけて、ようやくほっとした。そこからまっすぐホテルに送ってもらった。

翌朝、迎えに来てくれたスタッフの車でクラブに向かった。まずは挨拶とか、施設の紹介とかだろうか、などと思っていたが、いきなりこう言われた。

「プレーできるか」

「できます」

そういうしかない。

「だったら、すぐに着替えて練習に合流してくれ」

この日の練習が一番きつかった。前日夜遅くに到着し、時差ぼけでよく眠れず、身体は思うように動かず、おまけに言葉はわからない。こんなパフォーマンスで合格するはずがない、と思うような初日の練習だった。

テスト期間は一〇日間と決められていた。この間に練習や試合に参加して、吉田という「商品」がどれだけ価値があるのかを見せなければならない。

メディカルチェックは、チームドクターによって行われた。身体の隅から隅まで。関節という関節すべてを調べられた。さらに、いつ頃どんな怪我をしたかを訊かれる。そしてその箇所をさらにチェック。クラブ側からすれば、欠陥品を買うわけにはいかないので、当たり前のことなのだが、あらためてプロの入口に自分がいることを知った。

練習や試合で一番困ったのがラグビー用語だった。国際試合でもラグビーの公用語は英語なので、世界中そうなのだと思い込んでいた。トライはトライ、タックルはタックル、だと。ところが、フランスにはフランス語のラグビー用語があったのだった。これがまったくわからない。ポジションの名前までフランス語だ。たとえば私のポジションである11番はオーンズ（Onze)、ウイングはエーリェ（Ailier)。とにかく、ついていくのに必死だった。

練習が終わると、クラブハウスでの食事も他の選手といっしょ。ここでのコミュニケーション能力もテストのうちだった。

最初に覚えて、すぐに使うようになったフランス語が「Je voudrais…(私は～したい)」という言葉だった。日本人と違って、彼らはとにかく自己主張をする。チームは個性の集団だ。だから、大人しくしていては自分の存在さえ消されてしまう。「Je voudrais…」を連発して、私がどうしたいのかを伝えた。

当時USコロミエには、二人の外国人選手がいた。彼らは数年前からコロミエでプレーし、英語が流暢なうえに、フランス語も少し話せたのでときどき通訳をしてもらったが、常に彼らがそばにいるわけではない。あとは身ぶり手ぶり。食堂でも、一人静かに食

USコロミエの入団テスト時。地元の子供が「タックルしたい」と追いかけてきた。

事をしている場合ではなかった。

一〇日間は本当に長かった。USコロミエの練習量は決して多くはないのだが、中身の濃さが違う。みんなプロだから、まず自分が常にスターティングメンバーとして試合に出ることを考えている。試合に出て、観客を喜ばせてこそプロだと思っているから、取り組む姿勢も違ってくる。そういう緊張感のある空気が、グランドにもクラブハウスにもただよっていた。

そんな中で、来る日も来る日も練習と練習試合と体力テスト、そして選手とのコミュニケーション。体力以上に、精神的に疲れ切った一〇日間だった。

最終日、オーナーに呼ばれてミーティングをした。身体能力にはまったく問題はない、と言われた。とくにスプリント力はチームでも二番目で、俊敏性もトップだと聞いた。嬉しかったのは、オーナーの「パッション」という言葉。「お前にはパッションがある。それを強く感じた」と言ってもらえたこと。これで決まりだった。

この時点で、申し訳ないとは思ったが、ほかの三チームのテストはキャンセルしてもらった。私の心はUSコロミエに決まっていたし、さらにテストを受ける心身の体力は残っていなかった。

契約はしばらく先だったが、記者会見のためにジャージをもらった。そして帰国した成田空港で記者会見をした。日本ラグビー界初のフランス・ディビジョン1選手としての会見。「ラグビーで飯を食うのか」。そういう声があちこちにあったことは事実だ。しかし信念があって行動した私は、そういう批判には動じなくなっていた。

じつは、伊勢丹を辞めてフランスのプロにチャレンジすると発表したとき、その様子を番組にしたいというオファーがあった。TBSの『ZONE』という番組だった。三一歳での海外チャレンジ。国内でのトレーニングから、入団テストまでの軌跡に密着したいということだった。自分のことだけを考えれば、常にテレビカメラを向けられることは、ただ迷惑な話だった。トレーニング中に気も散るだろうし、プライベートも休まることができない。おまけにテストで不合格になったら恰好も悪い。

だが、よく考えてみれば、自分の必死の挑戦が、ラグビー選手だけではなく、他の競技の選手たちへも何らかのメッセージになるのではないかと思った。いまのままでは企業スポーツは確実に衰退していく。企業スポーツは、いつかその形態を変えなければならないときが来る。そんなときに、吉田がチャレンジしたことが後輩たちの励みになり、何かのきっかけになってくれたらいいと思った。日本だけが勝負の場ではないのだと。世界に挑戦するべきだと。この番組が、世界にチャレンジしようとするアスリートたちへの何らかのメッセージになるならばと、引き受けることにした。

しかし、現実の密着は想像以上にストレスを感じることが多々あった。朝起きて、ランニングに出ようとしたら玄関にテレビカメラが待ち構えている。新横浜のトレーニングも、電車の中や車の中、どこに行くにもカメラがついてくる。「我々はいないものと思ってください」と言われたが、そういうわけにはいかない。放っておいてくれと言われても、つい気を遣ってしまう。ときにうんざりもしたが、常にカメラが動いているのでそんな顔は見せられなかった。

帰国後、この『ZONE　吉田義人』は前編と後編の二回に分けて放映された。数か月にもわたってカメラを回したわけだから、三〇分番組の一回で収まるはずはなかった。そして、放映後の反響は大きく、多くの人から励ましの声をいただいた。

フランス行きを決めた直後、ある人の紹介で、明治大学の二年先輩の羽地健氏に会った。当時羽地氏は、スポーツビズという会社の共同経営者であり、そのスポーツビズはスポーツ選手や引退した選手のマネージメントをする会社だということだった。山本雅一社長にも紹介され、私は、このスポーツビズの現役アスリート第一号として契約することになった。

この契約で、取材などのオファーも一手に引き受けてもらえたし、フランスでの入団テストにおいても、通訳などのサポート役も手配をしてくれた。スポーツビズのサポートは大きく、不安だらけのこの時期の私をさまざまな面で支えてくれた。

二〇〇〇年八月。大きなトランクを引いて、フランスへと飛び立った。

第十章　フランスでの試練と日本ラグビー界復帰

新しい住まいはゴルフ場の中にあった。USコロミエのクラブから、車で田舎道を三〇分ほど走ると、田園風景の中に森が見えてくる。そこがゴルフ場で、リゾートホテルがありコンドミニアムが隣接していた。そのコンドミニアムの一室が私に用意されていた。車ももちろん、クラブが用意してくれた。そのプジョーが毎日の私の足になる。

スポーツビズの山本社長が知り合いで、私のサポートを依頼してくれたのが、神田美智子さんという人だった。フランスで日本人の登山家と結婚し、シャモニーに住んでいて、主にテレビ取材などの調整や通訳をするコーディネート会社を経営していた。五か国語を話せるという才女だった。ただ、シャモニーからコロミエまでは車で八時間はかかる。だから急に困った場合は、電話でアドバイスをもらうしかなかった。その神田さんが最初に持ってきてくれたのが、電気炊飯器だった。フランスにも美味しい米はあると聞いていたので、何とかなるだろうとは思っていたが、やはり炊飯器があるとないとでは大違いだ。そしてこの炊飯器が、後に海を渡って海外でプレーする他競技の日本人選手たちに、代々受け継がれていくことになるとは、そのときは想像もしていなかった。

八月。フランスでのラグビーは、シーズン開幕前の合宿から始まった。USコロミエにはプロ契約の選手が三六人いて、そのうち五人がフランス代表だった。そのほかにもフランス学生代表や、フランス代表のすぐ下のフランスA代表も多くいた。さらにイングランド、ニュージーランドからの外国人選手。相当レベルの高い選手ばかりで、前年に準優勝したというのも頷けた。

入団テストのときにも痛感したことだが、問題は、まずは言葉だった。タックルは、プラカージュ（plaquage）。トライは、エセ（essai）。スクラムは、メレ（mêlée）。こういった基本的な用語から、ポジション、動作まで、全部フランス語なのだ。覚えるしかないのだが、それでも困るのは、憶えていても即座に口に出なかったり、さらには頭の中で日本語に翻訳してしまうことだ。ミーティングならまだしも、グランド内では一瞬の遅れがプレーに影響してくる。

走りながら「コアゼ！」と声をかけられても、「クロスだ」と頭で理解してから行動していたのでは遅れてしまう。するとチームメイトから反応が悪いと思われてしまう。「クロスって言えよ！　ラグビーは英語だろ！」。心で毒づくが口には出せない。慣れるしかなかったが、とにかくもどかしく、精神的にしんどかった。

合宿の終盤、他チームのBクラスとのオープン戦にスタメンで出場した。チームに合流しての初めてのゲーム。第一印象は、荒いラグビーをするな、ということだった。ラフ・プレーとまでは言えないが、とにかく荒っぽい。全体的にそうなのだが、とくに私に対して荒いということが、後からわかる。彼らにしてみれば、私はディビジョン1で初めて見るアジアの極東からきた日本人選手。一部ではあるが、彼らの中に、「ラグビー後進国の、〝イエローモンキー〟のくせしやがって」とか「お前らの来るところじゃねえんだ」といった、半ば差別的な意識があったのだと感じた。

週に一度、フィジカルコーチから体調に関するチェックシートが配られた。どこか痛めているところはないか、筋肉が疲労している部分はないかなど、さまざまなアンケートに答えなければならない。このアンケートに基づいて、フィジカルコーチは選手たちの体調を管理しながらフィットネスのメニューを作成し、さらに他のコーチたちも練習のメニューを考える。彼らもプロだから、どうすれば選手の最高のパフォーマンスを引き出せるかを常に考えている。無理な練習で選手に怪我でもさせたりすれば、自分の立場がどうなるかがわかっているのだ。だから、選手も全員正直に書く。これは徹底していた。

こういうことがあった。ある日、フィジカルのコーチから練習のメニューが渡された。それに従って、選手たちは黙々とフィットネスメニューをこなす。確かにこの日のメニューはきつく、次第に動きが悪くなるのが誰の目からもわかった。するとコーチがトレーニングを止めてこう言った。

「今日はもうやらないほうがいい。メニューの最後までと思っていたけど、全体的に動きが悪くなっている。きつそうだから、今日はやめよう」

日本でなら、選手はみんな心で「ありがとうございます」と言っただろう。ところがプロの世界は違っていた。

「なんでやめなきゃいけないんだ」

「俺たちはやるよ。最後までやってくれ」

「俺たちに必要だと思ったから、このメニューを組んだんだろ。だったらやろう」

選手たちの言葉に、最後にはコーチが折れる。

「わかった。そうまで言うなら、やろう」

つくづく「これがプロなんだな」と感じた出来事だった。

また、こういうことも。練習が終わった後、チームメイトに「ちょっとこういう練習がしたいんだけど、付き合ってもらえるか？」と訊いた。日本でならまず、「オーケー」という返事が返ってくるだろう。しかし。ここでは違っていた。「わかった。でも今日は疲れているから無理だ。今度一緒にやるから。今日はごめん」。できないと言って断っているのではない。ただ、自分が一番大事だから、自分の体調や都合を優先させる。プロ意識の高さを知った思いだった。


シーズンが始まると、トップのAチームも二軍のBチームも日曜日が試合だった。とくにトップのAチームはリーグ戦だけでなく、ヨーロッパクラブ選手権などのカップ戦もいくつかあったから、相当な試合数になる。

試合の翌日、つまり月曜日は休みだった。火曜日から金曜日までが練習で、試合前日の土曜日は、身体を休ませることになっていた。翌日の試合が遠征なら、ここで移動をする。そして日曜日の試合当日の午前中に少し体を動かし、午後が試合。

火曜日から金曜日までの練習の日は、昼も夜もクラブハウスのレストランで食事をした。栄養士がいて、バランスのとれた、しかも美味しい食事だった。だから、自炊はほぼ週に三日だった。料理は好きな方で、そのためのスーパーマーケットでの買い物は楽しかった。

フランスは農業国だけあって、とくに田舎は食料品が安い。野菜も種類が多く新鮮で、肉も、牛、豚、鳥だけでなく、ウサギやカエルも皮をはがれ、食用として普通に陳列されていた。そして、街のみんなが、日本からUSコロミエにやってきた私のことを知っていて、マーケットでもよく声をかけてくれた。「ヨシ、今日はこの肉がいいぞ」、「フランスのチーズは、食べられるか?」

ただ一人暮らしなので、凝った料理を作ると材料を余らせてしまう。前菜はスーパーで惣菜を買い、メインディシュはほとんどステーキを焼くのみだった。ちなみにステーキは、低脂肪で高タンパクのフィレ肉。塩と胡椒だけのシンプルな分厚いやつ。

合宿が終わり、ホームグランドでの調整も終わって、いよいよシーズンイン。

開幕戦はメンバーから外れたが、第二戦目のビアリッツ・オランピック戦にスターティング・メンバーに選ばれた。ビアリッツはフランス南西部、スペインとの国境に近いビスケー湾に面した街だ。暖かいリゾート地をイメージしたが、この日はどしゃぶりの雨だった。芝のグランドには水が浮くほどで、みんな足を取られボールもなかなか手につかなかった。

「日本の吉田を見せてやる」。気合十分で臨んだ試合だったが、結局ボールタッチも三度しかなく、何の見せ場もないまま終わってしまった。

この試合だけで判断されたわけではないが、次の週にはBチーム行きを命じられた。

その理由は自分にもわかっていた。合宿からピッチを上げて調整してきたから、個人のパフォーマンスを十分に出せるくらいには仕上がっていたのだが、連携がうまくいかない。というより、遅い。つまり、先ほども述べたが、チームメイトの声に反応するのに、どうしても頭でいろいろな言葉を考えてしまうから、一瞬遅れる。その一瞬の遅れは、プロのレベルになると命取りになる。

開幕からの三か月間。この時期が最もつらかった。怪我もなく、体調も万全。なのに、コンビネーションがうまくいかない。必要なフランス語は覚えていても、グランドではどうしても頭で理解しようとしてしまい、反応が遅れる。説明しようとしても、そこまでのコミュニケーションはとれない。日本語で分かってもらえる相手もいない。ストレスはどんどん溜まっていった。

ある日の練習後、クラブハウスで食事を終えて車に乗った。コロミエ市を離れて、街灯もない真っ暗な農道。その道端に車を停めた。こらえきれず、大声で叫んだ。

「バカヤロー！　お前らなんで日本語がわかんねえんだ！　チクショー！」

孤独だった。泣きそうなくらい、孤独だった。それまで経験したことがないほど追いつめられていた。でも手を差し伸べてくれる人もいない。自分で切り開くしかなかった。


USコロミエは地域に根付いたクラブで、ラグビーだけをとってもプロのAチーム、その下のBチーム、高校生のチーム、中学生のチームがあり、さらに年齢別に四段階くらいの子供のスクールがあった。グランドや体育館、フィットネスジムなどはコロミエ市のもので、それらをUSコロミエ傘下のあらゆるチームが共同で使っていた。そしてクラブを支えるのが、大会社から街の小さな会社までの、一〇〇社ほどの企業。そして地域住民のボランティアだ。

プロの練習が終わると、そのグランドにまだ三歳くらいの子供たちが、ラグビーボールを抱えてぞろぞろ入ってくるという光景も珍しいことではなかった。

そういった子供のスクールに、プロの選手が指導に行くのもクラブの特徴だった。そのボランティアの話を聞いたとき、これこそ積極的に行くべきだ、と思った。私が日本を離れた理由の一つは、総合型クラブの実態を見て肌で感じることでもあったからだ。

トッププロ選手は三六人いて、普通は数人の選手が順番で月に一度行けばよかったのだ

ラグビースクールの子供たちと。彼らの笑顔に元気をもらった。

が、私は毎週行かせてくれるように頼んだ。どんなふうに指導しているのかを見たかったし、何より子供たちと接していると心が和んだ。そして、街の誇りであるトップチームに外国からやってきた日本人にラグビーを教わったことは、子供たちにとって生涯忘れられない、いい思い出として彼らの中に刻まれるだろうと思ったからだ。

するとそのスクールの校長が驚き、感激してくれた。

「毎週来てくれる選手なんて、いままでにいなかった！　この子たちは、なんて幸運なんだ」

そして、しばらく通っていると、どうしてもお礼がしたいから、できることがあったら何でも言ってくれ、と言う。お礼のために来るのではないから、と断っても、何かできることはないかと訊いてくる。ならば、と、フランス語のレッスンを頼んだ。

毎週、子供のラグビースクールが終わると校長宅におじゃまして、校長の奥さんにフランス語を習った。それが終わると奥さんの手料理で夕食。フランス語のレッスンは、週に一度では足りないと言って、週二度にしてくれた。本当にありがたかったし、楽しい時間だった。

日本を離れてほぼ三か月間、とにかく嫌な夢ばかり見ていた。汗をぐっしょりかいて夜中に起きることもあった。ところがある日、夢の中で自分がフランス語をしゃべっていた。内容は憶えていないが、目覚めた瞬間にそのことに気がついた。それ以来、嫌な夢は見なくなった。そして同時に、練習で納得のいくプレーができるようになった。ミーティングの込み入った部分はまだ半分くらいしかわからなかったが、グランドでは言葉を考える必要がなくなっていた。

フレンチフレアという言葉がある。独創的なプレー、要はひらめきのプレーをいう。ラグビーはボールを持った選手が先頭に立つ。この選手がどういったプレーをするかで、ラグビーの質も変わってくる。私は子供の頃から常に、ボールを持って先頭に立ったときにこそ、最高のプレーをするのだと考えてきた。もしサポートがいなければ、自分で行く。

瞬時の判断で、ときにはチームのルーティーンをも壊す。それはある意味で個人主義的だったと思う。その個人主義がトップクラスのレベルでかみ合い、チームになるのが、フランスのプロだった。

同時代のフランス代表に、クリストフ・ドミニシという選手がいた。彼も私と同様に大きな選手ではなかったが、フレンチフレアで観客を沸かせ、一九九九年のワールドカップでニュージーランドを相手に素晴らしいトライをあげていた。彼のような選手の活躍は、大きな励みになった。

グランドでの言葉の問題がなくなると、私のプレーはどんどんチームにはまっていった。求める者と求められる者のスピードやスキルが一致したとき、こんなにもフランスのラグビーが楽しいのかと思った。これでやれる！　確かな手ごたえは、私だけでなくチームの首脳陣も感じたようだった。

Aチーム復帰も間もなくかという頃、Bチームの試合でのことだった。ブラインドサイドに味方から出たボールを私が受け取ったのは、タッチラインぎりぎりのところだった。そのときにはすでに、相手のディフェンスが私に向かって飛んできていた。ボールを渡せる味方はいない。結局タックルを受け、タッチラインの外に出された。ゲームは途切れ、私がボールを離したそのときだった。あろうことか、私が起き上がろうとしたそのとき、相手の選手が私の上に落ちてきたのだ。しかも膝から。

「何しやがる！」

そう叫ぼうとしたが、激痛で声にならなかった。その膝は私の左わき腹に命中。折れたな、と思った。

チームドクターに診てもらったところ、骨折は免れていた。しかし痛みはおさまらず、だましだましで我慢して練習に参加していたが、満足に動けなかった。この状態ではパフォーマンスは上がらないので、ついに病院に行こうと決め、神田さんに電話をかけて、シャモニーから来てもらった。診断の結果は、肋骨の軟骨損傷。治療ができる箇所ではないので、自然治癒を待つしかないと言われた。全治一か月。ようやくAチームに復帰かと思った矢先だけに、本当に悔しい戦線離脱だった。

神田さんには、それ以外に一度だけSOSの電話をかけた。チームに合流して間もない頃。ある日の練習からの帰り、慣れない車と慣れないフランスの道路でタイヤが縁石にぶつかり、その衝撃でパンクした。時間は午後九時。周囲は真っ暗で、はるか遠くに街の明かりが見えた。車を放置して歩いても、家まで一時間以上はかかりそうな所だった。

「吉田です。いま練習からの帰りなんだけど、タイヤがパンクしちゃって……」

すると、こう言われた。

「行かれないよ、吉田くん。行けてもここから八時間かかるんだよ。朝になっちゃう」

その通りだった。

「それより、途中にガソリンスタンドは見なかった？　修理工場とか。そこまで行けば、なんとかしてもらえると思うけど」

クラブまでの景色を思い浮かべたとき、車の修理工場かどうかはさだかでないが、確か近くに車が何台も置かれている場所があったことに気づいた。とにかく、あそこまで行ってみよう。真っ暗な道を、二〇分ほど歩いて戻った。

記憶の場所にたどり着いてみると、幸運なことに自動車の修理工場のようだった。中に向かって声をかけると、つなぎを着た若い男性が出てきた。

「この向こう」（車の方向を指さして）

「ラ・ヴォワチュール、タイヤ、バーン、バーン、わかる？」

手ぶりを交えてそう伝えると、店員は即座に言った。

「コロミエのヨシだろ？　大丈夫、心配ないから」

彼の笑顔で、事情が通じたとわかったときには、本当にほっとした。

彼はすぐにトラックを出してくれた。そして一緒に車まで戻ると、彼は私の車のトランクからスペアタイヤを見つけ出し、たちまち取り付けてくれた。

「とりあえずはこれで大丈夫。それより、応援してるから、頑張ってくれ、コロミエのために」

チームがいかに地域に愛されているかを知った一幕だった。数日後、神田さんが来てくれて、一緒に修理工場に寄った。そして、どれだけ助かったかを伝えてもらった。笑顔の彼は、決して代金を受け取ろうとしなかった。

脇腹の負傷で練習にも参加できなかった頃、スポーツビズから一本の電話が入った。日本ラグビー協会が、選手のプロ契約を認める決定をしたということだった。これには驚いた。プロが認められないために日本を出てから五か月。ついに日本のラグビー界もそうなったかという思いと、なぜ今頃、という思いが交錯する。

そして間を置かずにもう一本の電話がかかってくる。それが三洋電機からだった。日本協会がプロ契約を容認することになったので、ぜひ一度会って話がしたい、ぜひ日本でのプレーを考えてほしい、ということだった。あまりの急展開に、考えさせてくださいと言うのが精いっぱいだった。

脇腹の痛みも薄れて、再び練習に参加し始めたのが一二月。リーグはクリスマス休暇に入った。私はコロミエを離れ、半年ぶりに日本に帰った。プロ化が認められた日本ラグビー界の動向は気にはなったが、自分はコロミエの選手であり、体調を万全に整えて年明けからの試合に備えることが最優先だった。

大学院の同級生で、矢野琢也という友人がいた。彼はまだ筑波大学の大学院に残っていて、運動生理学などの研究を続けていた。彼に頼んで、つくば市でミニキャンプを張り、トレーニングのサポートをしてもらうことになった。怪我での一か月のブランクは大きく、その分ハードなメニューをこなさなければならなかった。

年明け、再びコロミエに戻った頃には、患部はすっかり癒え、ほぼ万全な状態でチームのトレーニングに参加できた。一か月もすると連携プレーなどの感も戻り、レギュラーウイングとも対等に張合えるようになっていた。これならAチームに復帰できる。

Aチームでの試合出場も間近か、という感触を得た二月の半ば。驚くべき知らせが日本協会から届いた。

「四月に、ワールド・セブンズ・シリーズの第七戦が東京で開かれることになっている。ついては、吉田さんにキャプテンを務めてもらいたい。ラグビー人気は低迷したままで、協会も手を尽くしてはいるが、最盛期の盛り上がりにはほど遠い。この〝ワールドセブンズTOKYO〟をきっかけに、なんとか再興をはかりたい。日本初のフランス・ディビジョン1の選手である吉田さんに参加してもらえたら、大きな力になるはずだ」

まさかの話だった。二度と桜のエンブレムを胸につけてプレーすることはできないと、覚悟を決めて日本を出たこの私に、代表のキャプテンとは。あっという間に時代が変わったような気分だった。もう一度日の丸を背負い、桜のジャージを着て戦えるのだ。日本を代表して、そのチームのキャプテンとして。

フランスの地で、これほど難しい決断を迫られたことはない。ようやく怪我から復帰し、Aチームでの出場も目前であることは間違いなかった。シーズンも終盤にさしかかってきたこの時期に日本に帰ってしまえば、残りのコロミエでの出場は絶望的になる。プロチームの一員としては、何としても結果を残したかったし、レギュラーとして一試合でも多く出場し、チームの役に立ちたかった。そして来シーズンも期待される存在でありたかった。

日本協会のオファーを受けるべきか断るべきか、悩みに悩んだが、最終的には私個人のことより日の丸の方が重かった。チームに申し訳ないと思いつつ、フランスを離れた。

ワールド・セブンズ・シリーズ第七戦。「フォルクスワーゲン・セブンズ二〇〇一」と称された大会は、四月二九日と三〇日に秩父宮ラグビー場で一六か国が参加して開かれた。大会パンフレットには「吉田義人　USコロミエ」とあった。日本人初のフランス・ディビジョン1プロラグビー選手の、日本でのプレー。観客席のあちこちから「お帰りなさい！」、「吉田！　お帰り！」と声が飛んできた。嬉しかった。

予選プールは一勝二敗でボウル・トーナメントに回ったが、準決勝でアメリカに5対19で敗れた。私は、途中交代はしたが五試合すべてに先発し、トライもあげた。

大会の直後、三洋電機のチーム関係者から連絡があり、どうしても会って話を聞いてほしいという。「返事はできませんが、会うだけなら」ということで面談になった。

日本協会のプロ容認の決定を受け、三洋電機も数人の選手とプロ契約を結び、チームを強化したいということだった。そして真っ先にアプローチしたのが、私だということだった。そしてそこには、三洋電機の井植敏会長の意向が大きく働いていると聞いた。

明治大学三年生のときに一〇を超える会社からオファーがあったが、それ以前の二年生時に声をかけてもらった伊勢丹に心は決まっていたから、すべてお断りしていた。その中に三洋電機があったことは認識していた。その三洋電機の、井植会長夫妻は、学生時代の私を見続け、「吉田義人をぜひ三洋電機に」と話してくれていたという。私が伊勢丹に入社し、さらにはプロになってフランスに渡ったときにはほぼ諦めたのだが、日本協会がプロ選手を認めることになり、一〇年越しで再びアプローチしてくれたということだった。

「会長だけでなく、宮地監督も吉田さんが三洋電機でプレーしてくれることを熱望している。なんとか考えてもらえませんか」

嬉しい話だった。しかし、即答はできなかった。これは私のラグビー人生の大きな転機となるはずで、簡単に結論を出すことはできなかった。

コロミエに戻り、再びチームに合流した。体調は万全だったが、シーズンは終了間際だった。

フランスでのプロの生活は、すべてが初めての経験で、慣れるのにも想像以上に時間がかかってしまった。さらに、怪我での離脱もあった。決して満足にプレーできたとは言えない一年だったし、契約を打ち切られても仕方のない内容だった。ところがコロミエの判断は、そうではなかった。私のマネージメント会社であるスポーツビズには、来季も契約を継続したい、というオファーが届いていた。

フランスに残るのか、日本に帰って三洋電機のオファーを受けるのか。気持ちは揺れ続けた。自分のことだけを考えれば、断然フランスだった。一シーズン過ごして、コミュニケーションの問題もクリアできたし、Aチームで十分戦える自信もあった。大きな怪我さえなければ、三五歳くらいまではやれるだろうという感触はつかんでいた。そして何より、フランスのラグビーは私に合っていた。スピード重視の展開ラグビー。瞬時の判断でゲームを動かすフレンチフレア。私にとって、こんなに楽しいラグビーは、ほかにはなかった。

しかし、それだけで、自分のことだけでいいのだろうか……。

伊勢丹を辞め、プロラグビー選手になろうとした理由を、自分に問いかけてみた。オファーがあったから。ラグビーでお金がもらえるから。どうしてもフランスでプレーしたかったから。どれも違っていた。私が日本を飛び出したのは、日本のラグビー界に、日本のスポーツ界に貢献したいと思ったからで、そのためにはプロの世界を身を持って知っておく必要があると考えたからだった。プロ選手としてプレーする私の姿を見て、憧れてラグビーを始める子供がいてくれたら嬉しいと思ったし、指導者になったときにもプロでの経験は生きるはずだった。そしていま、日本でもプロ契約が可能になり、三洋電機もそれを望んでくれている。

そう考えたときには、もう迷う必要はなかった。来季も期待して契約をしてくれるというUSコロミエには申し訳なかったが、日本に復帰することを決めた。

三洋電機ラグビー部は、一九七五年から九度、全国社会人大会で決勝に進んでいたが、優勝は一九九五年のサントリーとの両チーム優勝のみで、単独優勝はなかった。そして当時は多くのベテラン選手が抜けて若手が入ってきた、いわゆる過渡期でもあった。

私が契約にあたってチームに話したことは、お金をもらうからプロ選手なのではないということだった。つまり、特別扱いはしてほしくない、ということ。いくらプロ契約が認められたといっても、プレーする場はあくまでも社会人のリーグで、チーム自体がプロ球団ではないということ。こういう中で、お金のためにラグビーをする選手が増えていくと、ラグビーがおかしな方向に向かうことを懸念した。だから年俸も条件も会社から提示されたものをそのまま受け入れたし、それ以上にチーム内のアマチュア選手の模範にならなければならないと思った。チームのほとんどの選手がアマチュアである以上、コロミエでのように振る舞うわけにはいかなかった。

三洋電機のグランドは、群馬県の大泉町にあった。帰国してからは妻のいる世田谷の家に戻っていたが、そこから通うのはあまりに遠く、不便だったので、グランド近くに家を借りることにした。

若手中心のチームに変わって、宮地克実監督の方針は、とにかくその若手を一から鍛え直すというものだった。そこにあって、プロ契約の私が若手たちの後方にいてはしめしがつかない。どんな練習も先頭に立った。プロなら自分のことだけを考えて楽ができると、若い選手たちに思われてはいけないと思った。しかしこのとき三二歳。動きはまったく衰えていなかったが、疲労の回復には時間がかかるようになっていた。夏合宿が終わった頃には、疲労もピークに達していた。東日本社会人リーグの開幕直前、ある練習試合でのことだった。パスを受けた私がディフェンダーをかわそうとステップを切ったときだった。バチッという音と今まで感じたことのない感触が左膝から頭蓋骨に伝わってきた。そして誰との接触もなく転倒。

内視鏡を入れての診断の結果、右膝前十字靭帯部分断裂。靭帯の四分の三が切れていた。外部からの力ではなく、自身の力で靭帯を切るというのはめったにないことだが、筋肉が疲労して、脳からの指令を受けとめるのに準備の時間がかかるとき、そのすべての負担が靭帯にかかって損傷することがある。私の場合がそれだった。手術を勧められたが、そうなると全治まで六か月。リハビリとその間に落ちた筋肉を戻すまでに一〇か月近くかかることになり、つまりはシーズンを棒に振ることになる。契約一年目。それだけは避けたかった。

結局、手術はせずに断裂した箇所が癒えるまで治療とリハビリに集中し、後は筋力で補うことにした。しかし、復帰を焦るがゆえに無理をしてしまい、思うように動けるまでには予想以上に時間を要することになってしまった。

そしてようやく復帰の目処がついた頃、宮地監督の突然の解任が発表される。チームの成績がその理由ということだったが、そこには他の力が働いたように思えた。そして新監督のもと、ヘッドコーチに就任したのがニュージーランド出身のマレー・ヘンダーソンだった。この新ヘッドコーチの方針は、とにかく「ぶち当たれ」というもので、そのために徹底した体重と体脂肪の数値管理がなされた。私も体脂肪率を維持したまま六キロの体重増を命じられた。

それによって伸ばされた選手もいたとは思うが、必要な部分に極限まで筋肉をつけていた私には、理解できないことだった。体重は増やせるが、六キロ増やすには時間も必要で、それ以上あっても動きが鈍るだけだと思っていた。それでも私は雇われている契約選手。文句を言う立場にはないと思った。ただひたすらトレーニングと練習に集中し、ゲームに出る機会を待った。

シーズン前の夏合宿はヘッドコーチの母国、ニュージーランドで行われた。これが、まるで軍隊かというようなものだった。部屋は四人部屋で、寝具はなく全員寝袋で寝た。食事は質素そのもので、寒い早朝に起こされ、自転車を担いで山に登らされた。下りは自転車、登りは自転車を担いでの登山の繰り返し。脱落者が続出するなか、意地でも最後まで行こうと思って歯を食いしばった。

ラグビーには体力も筋力も必要で、若くて身体の成熟が発展途上の選手には、基礎トレーニングも重要になってくる。一方で、そのことがかえって能力をそいでしまう場合もある。選手個人を見据えた上でのトレーニングならわかるが、全員に同じことをさせる軍隊式のやり方に、私は納得がいかなかった。

二〇〇二年の社会人ラグビーは変革の年だった。翌二〇〇三年から始まる「トップリーグ」のために、東日本、関西、九州の各リーグから一二チームが選抜されることになっていた。契約二年目の私は、このチームにどう貢献できるかばかりを考えていたが、ヘッドコーチには、旬を過ぎたプレーヤーでありポンコツであると見なされていた。シーズンが始まってもレギュラーはおろか、リザーブにさえ入ることはなかった。

私にできることは、ただひたすらチームをサポートすることだけだった。黙々と練習を続け、試合出場メンバーの発表後は、サポートに回る。チームのために、若手には、ベンチに入れなくてもプロ選手とはどうあるべきかを示す必要もあった。私のラグビー人生において、もっとも辛い一年だった。

チーム最年長でのニュージーランド合宿。意地でも脱落すまいと思った。

チームは二〇〇三年一月の第五五回全国社会人大会でベスト8に入り、秋から開催される「トップリーグ」への参加資格を得ることになった。しかし私には、そのトップリーグに選手として出場できる保証はなかった。というより、この体制下では、ベンチに入る見込みもなかった。私と三洋電機の契約は三年で、あと一年を残していたが、そのまま終わってしまえば悔いが残ることはわかっていた。私の選手人生は、あと二年かもしれないし、一年かもしれない。ただ、最後までグランドに立ちたいと思った。だから契約解除を決断した。

私は選手として契約させてもらっている身なので、出場の機会がないのに契約が続くのはチームにも申し訳ない。まだ身体は動くし、私を必要としてくれるチームがあるなら、そこで試合に出たいと思っている。そう伝えた。留意されたし、選手契約の後はコーチとしても残ってほしいと言われたが、部長が私の出場を保証することはできなかった。

その契約解除を決断した頃、伊勢丹時代の同僚から電話があった。宮浦成敏だった。彼は日本大学卒業後すぐにニュージーランドに留学するなど、海外志向の強い選手で、伊勢丹時代は私が左ウイング、宮浦が右ウイングだった。伊勢丹ラグビー部が解散になった後、宮浦は生まれ故郷の九州に帰って福岡サニックスボムズでプレーを続け、後に監督になっていた。

「義人、俺のところでプロ契約を結んでもらえないか。うちも来年からのトップリーグに参加することが決まっていて、何人かの日本人選手とプロ契約をすることになるのだが、まずお前に来てもらいたい。本当のプロの世界を知っているお前に来てもらって、模範にもなってもらいたい」

三洋電機との契約解除を決断したばかりだっただけに、旧友の言葉は嬉しかった。ただし、条件を付けた。

「宮浦、俺の経験をチームに生かせるならそれも嬉しいことだが、いまはまだ現役だ。だからプレーすることにこだわりたい。とにかく選手として試合に出たい。そして契約は一年。その後、まだトップでできるようなら、次を考えよう」

二年契約でも三年契約でも、私が望めば可能だったはずだ。しかし、そんなことをして、もし私のパフォーマンスが一年で下がってきたら、宮浦の立場もないし、私の居場所もなくなる。お互いに気まずくなるようなことは避けよう。

「契約は一年。これでお互い、ハッピーだよな」

「わかってる、義人。選手としてのお前を必要としているんだ」

福岡サニックスボムズ（現、宗像サニックスブルース）のホームグランドは、福岡県宗像市にあった。フランスに行ってから妻と離れて暮らすようになって三年が経っていた。私にはラグビー、彼女にも同等の優先させるべきことがあり、話し合いの末、離婚を決めた。

私は海が見える家に住んだことがなかった。秋田の実家も海からそう遠くはないのだが、海が見えるほど近くもない。福岡に行くと決めたとき、住む場所は任せると宮浦に言ってもらったので、ぜひとも海を臨める場所に住んでみたいと思い、そういうところを探した。そのマンションは、福岡市早良区百道浜にあり、寝室からもリビングのベランダからも海が見えた。三度目の単身の転居だったが、今回は独身に戻っていた。そしてこのとき三四歳。ラストシーズンを覚悟した。

プロ選手の引き際はさまざまだ。二軍やレベルの落ちるチームに移ってでも、現役を全うする姿は美しい。四〇歳を過ぎても、身体のメンテナンスを怠らず現役にこだわることは、尊敬に値する。しかし私自身が、トップレベルの選手たちと満足に戦えなくなって、それでもグランドに立っていることはイメージできなかった。

高校、大学、社会人、プロ、常にトップレベルで走り続けてきた。その私が観客やチームメイトが望むパフォーマンスを見せられなくなったとき、そのときが引退だと決めた。それがこの年なのか翌年なのかは、まだわからなかった。

サニックスのある宗像市までは、福岡から車でおよそ一時間。毎日、高速道路を使って通った。宮浦にも話したが、プロ契約だからといって特別扱いはされたくなかった。ここがコロミエなら別だが、前にも述べたように、アマチュアリーグのアマチュアチームのプロ選手なのだ。他の選手が常に自分の背中を見ていることを意識しなければならない。

昨年痛めた膝の靭帯は四分の三が切れたままだったが、筋力とテーピングで支えればまったく問題はなかった。ところが、開幕三日前の練習で、今度は肩を痛めてしまう。コロミエ、三洋電機、そしてサニックスにおいてまでも、自分の敵は怪我なのかと思うと、どうにも情けない。

それでも第四節のサントリー戦にはリザーブに入り、後半には出場した。その後も数試合でグランドに立つが、出場時間も短く、吉田義人本来の姿を見せることができない。

そして、年が明けた二〇〇四年一月二五日、日曜日。ついにそのときが来た。

大分市の九州石油ドームでの対近鉄ライナーズ戦。35対42とリードされた後半三二分に、センターバックのルーベン・パーキンソンに代わって出場した。この試合は、このシーズンのトップリーグ最終戦でもあった。

グランドに入って間もなく、私にボールが回ってきた。ディフェンダーを一人かわすとスペースが開けた。たちまちトップスピードに乗る。右側から追いかけてくる選手がいるのはわかっていたが、私に届く位置ではなかった。ゴールラインまであと一五メートル。

「もらった！」

そう思った瞬間だった。足に何かが触れた。それは私に向かって飛び込んできた選手の手だった。その手に足を払われ、次の瞬間には転んでいた。

一九歳で初めて日本代表に選ばれたときに受けた、イアン・ウイリアムスのありえないタックル。アンクル・タックル。あれを思い出した。しかしあの時は、そんなタックルがあるとも知らず、しかも技術においてもイアン・ウイリアムスが断然上だったが、今回は違っていた。「抜ける」はずのプレーで抜けなかったのだ。ほんの一〇センチ。その一〇センチ分、私のスピードが落ちたのだ。屈辱的なタックル。このとき、私はラグビー選手としての人生にピリオドを打つ決心をした。

第十一章　指導者としてのスタート

引退の決意は、まず監督である宮浦成敏に話した。「まだ、できるだろう」と、その表情にはあったが、私の性格をよく知る宮浦は、黙って頷いた。引退試合の話も出たが、一戦一戦が大事なサニックスの試合を私の引退試合にするのは失礼だと思い、断った。

お世話になった方たちに引退決断の報告をしていたところ、明治大学の境政義監督が、OBが参加する全早明戦をラストゲームにしては、と言ってくれた。そして早稲田大学側にも協会にも了承してもらい、さらには試合後の引退セレモニーまで用意してもらえることになった。前代未聞の出来事だった。

二〇〇四年三月二八日。晴れ渡った秩父宮ラグビー場のスタンドには両親の姿もあった。私の最後のジャージ姿を見てもらいたいと思い、秋田から呼んでいた。今日は泣かずに晴れやかにグランドを去ろう、と思っていたが、セレモニーの挨拶で北島忠治監督の名前を口にしたとき、どうしても涙を止めることができなかった。

最後まで見守ってくれたたくさんのファンの皆様に、直接お礼を言いたい想いでグランドを一周すると、「お疲れ様！」、「吉田、ありがとう！」の声とともに、たくさんの手がスタンドから差し伸べられた。感謝の気持ちを精いっぱいこめて、その一人ひとりの手を握り返した。メインスタンドまで戻り、スパイクの紐に手をかけた。「いよいよこれで最後。ほんとうに最後なんだ」。そう思いながら紐をほどき、スパイクを脱いで芝生の上に置いた。私のプレーを支え続けてくれたスパイクに、グランドに、見守ってくれた人たち

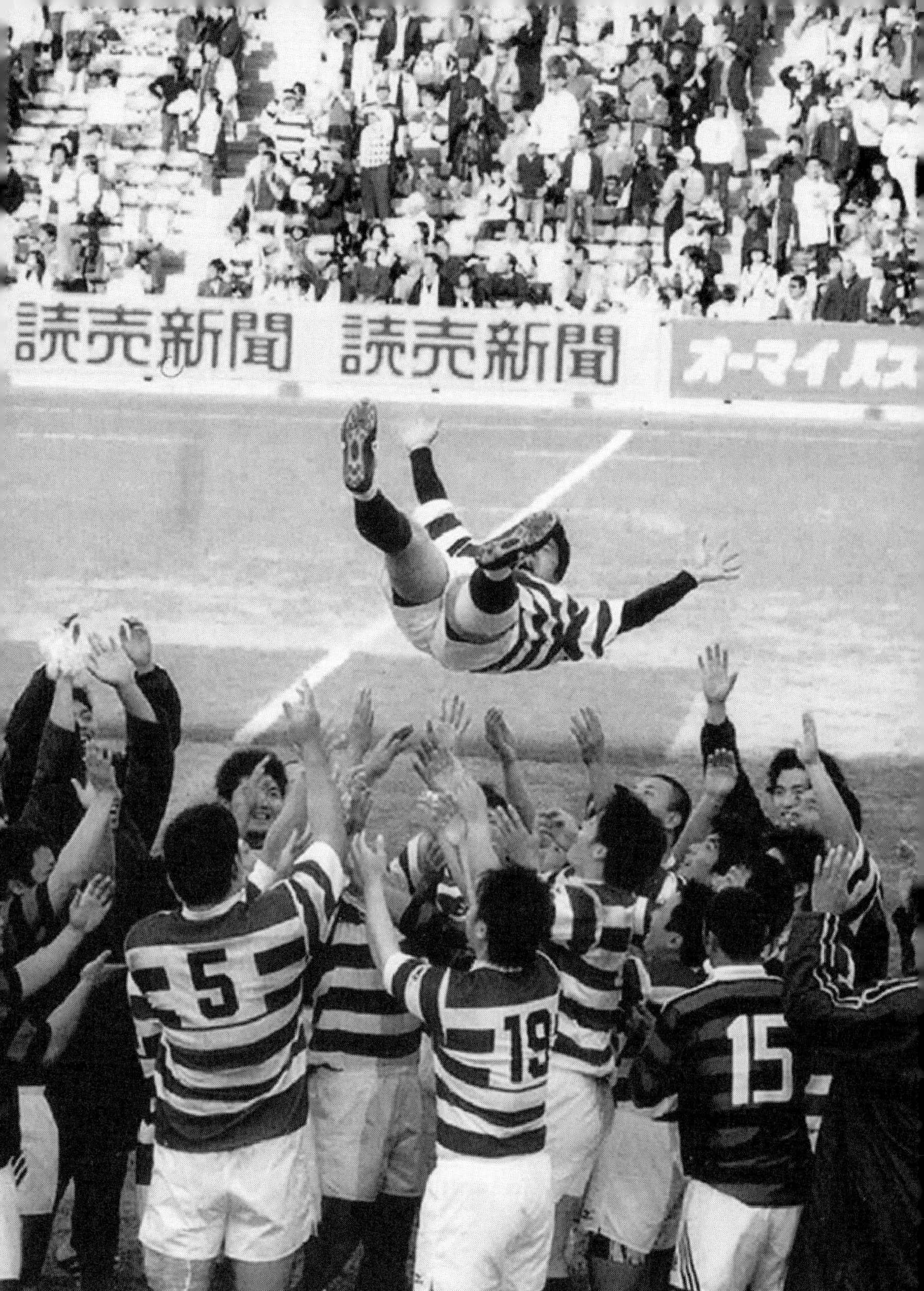

仲間に囲まれ、多くのファンに見守ってもらえた、感無量の引退試合。

に、一礼してグランドを後にした。

引退の時期については具体的に決めていなかったが、引退後はどんな形でもいいから、日本のラグビー界とスポーツ界に貢献したいと思っていた。私にできることでまず考えられるのは、指導者だった。ただそれまで、チームの先輩としてキャプテンとしてアドバイスはしても、指導の経験はほとんどなかった。指導らしいものといえば、コロミエでの週一度のラグビースクールくらい。だから、指導者としてのスキルを身につけるために、もう一度勉強したいと思っていた。さらに、選手ではない立場から、地域密着の総合型クラブの実情ももっと詳細に知りたいと考えていたので、フランスに行くつもりだった。期間は一年。その準備のために、コロミエをはじめ、いくつかのクラブに連絡をとっていた。

ところが引退の報道が流れたとたんに、二つのチームから指導者としてのオファーがあった。発表の直後だっただけに、驚いたし、ありがたいと思った。最初のオファーは横河電機で、チームはトップリーグ下のトップイーストリーグ10にいた。

もし自分が社会人チームの指導者になるなら、プロ契約はしないつもりでいた。というのも、プロ契約が認められたとはいえ、全てのチームにおいて、日本人として実際に契約していたのはごく一部の選手で、ほとんどの選手はアマチュアのままだった。ということは、どの選手も基本的には会社員であり、年齢とともに会社での立場や将来を考えながらプレーに打ち込んでいた。そこには当然、ラグビーに対する意識がそれぞれ違う選手たちが存在しているわけで、伊勢丹から三洋電機、サニックスを通じての経験で十分に理解していた。そうであるならば、私は彼らと同じ立場にいたいと思った。選手の大半が会社員である限り、職場での悩みや喜びを指導者も共有しなくては、上を目指すチームづくりは困難に思えた。プロ選手ならプロコーチのどんな要求にも応えるが、アマチュア選手はそうはいかない。だからこそ、彼らと共に働き、共にラグビーに打ち込んでモチベーションを上げていく。これが私の条件だった。あとは、できるならフランスで勉強する一年の猶予をもらえるかどうか。

これらを横河電機に話したところ、検討させてほしいという返事だった。プロ選手として引退したのだから、コーチとしてもプロ契約がふさわしいと考えてくれていたようだった。

もう一つのオファーは現在もトップリーグにいる強豪チームからだった。こちらもやはりプロ契約でコーチに、ということだった。しかし、私の希望を伝えたところ、社員として受け入れるのは困難で、一年も待てないという答えだった。どちらも無理なら受けられない。感謝の意を伝えて丁寧にお断りした。

数日後、横河電機と再度の話し合いを持った。横河電機からは、社員として受け入れることはできるが、そうなるとそれまでの実績を考慮して課長職からのスタートになり、プロ契約の年俸より低い給与になるけれど、それでもいいかと念を押された。もちろんＯＫ

だ。ただ、一年の猶予はない、と言われた。それでも、社員になれば研修制度を利用して、三か月間、フランスに行くことはできるということだった。三か月。すでに、フランスの各クラブに連絡をとっていただけに悩んだが、最終的には横河電機の熱意にほだされた。「吉田さん、もう一度トップリーグにと、内田社長ものぞんでいる。それには、どうしてもあなたの力が必要だ！」

二〇〇四年四月、横河電機に入社。そして、ラグビー部ヘッドコーチに就任した。所属部署は「ソリューション事業部」で、上司は早稲田大学出身で元日本代表の安田真人部長だった。ここは、それぞれの部署の現場最前線にいる営業マンをまとめて、彼らがより営業活動をしやすくなるような環境をつくり、支援する場所だった。ある意味で、伊勢丹で広報を経験したことが役に立つ部署でもあった。

肝心のラグビー部はというと、五五人の登録選手のうち、常時練習に参加するのは一〇人程度という、完全にぬるま湯の状態だった。いくらラグビー経験者ばかりとはいえ、これではトップイースト10の中ほどの位置に甘んじているのも頷けた。

三か月の研修としてフランスに行かせてもらい、本格的にヘッドコーチとして始動したのは七月からだった。私が観た横河電機ラグビー部の最初の試合は、トップイースト10の五位あたりにいた東京ガスとのオープン戦だった。結果はまるでいいところなく、１０対

90ほどの大差での負け。その試合だけでも私に見えた課題は山ほどあった。

まず感じたことは、プレーの技術的なことはともかく、選手たちに覚悟が足りないということだった。つまりはメンタルが弱いということ。選手全員が会社員として働いているわけだから、仕事とラグビーの両立がいかに大変かはわかっている。しかし、大変だからといって両者のバランスをとっているようでは、楽な方に流れてしまいがちだ。

一日の時間は限られているわけで、仕事の時間や家庭の時間までラグビーにまわせというのは無理な話だが、何を一〇〇パーセントと考えるかによって、中身は違ってくるはずだ。つまり、自分の出せる力が時間と同じように限られたものだと考え、「仕事は八〇パーセント、ラグビーは二〇パーセント」というふうに思っていれば、それより先には進めない。そうではなくて、仕事に出せる力が一〇〇パーセントあるならば、ラグビーにも一〇〇パーセント出せるはずだと考える。もちろん体力には限界があるが、私が言いたいのは、仕事に全力で取り組める人間は、ラグビーにも全身全霊の想いを込めて立ち向かえるはずだ、ということだ。

キャプテンのときなら、ただ自分が先頭に立っていけば、みんなはついてきてくれた。しかしヘッドコーチは、そういうわけにはいかない。まずは、「ほんとうにトップリーグに上がりたいのか」ということを一人ひとりと面談して聞いてみた。「どうしてもトップリーグで戦いたい」という大きな目標を意識してこそ、練習の熱量も増えてくる。

これはフランスで学んだことだが、とにかく言葉にして選手たちに伝えた。何がチームに足りないのかを話し、どういった練習でそれを補っていくのかを話した。一本のダッシュも、一回のスクラム練習も無駄にしてほしくなかった。その一本のダッシュの意味を理解して走るかどうかが、やがて大きな差になってくる。

意識を変えていくのは、そう簡単なことではない。時間がかかるし、何よりコーチと選手の信頼関係がなくては始まらない。その意味でも、私が仕事に打ち込んでいる姿を見てもらいたかった。選手が働いているときは、コーチも一生懸命に働く。選手が練習しているときは、コーチも一緒になって指導する。それが信頼関係の構築の第一歩だと思った。

横河電機は都心から西に行った武蔵野市にある。最寄り駅は中央線の三鷹で、本社社屋から道路をはさんだところにグランドがあった。

私が入社した二〇〇四年の一〇月に新潟県中越地震が起こり、その直後に、会社の防災訓練が行われた。グランドに集合した社員を前にしての内田勲社長の訓話は、この会社がいかに地域に根差しているかを私に教えてくれた。もしこの武蔵野市で中越地震のような災害が発生した場合、会社には社屋を解放する用意があり、グランドには井戸水もあれば仮設トイレも準備していて、横河電機に可能な一切を惜しまない、ということだった。感動した私は、ステージから降りた内田社長に歩み寄り、そのことを告げた。そして、CS

R（社会貢献活動）を本格的に取り入れるべきだと話した。横河電機には積極的にボランティア活動に参加している社員も多くいたし、地域活動に参加している部署もあり、会社として文化事業も展開していた。それらを集約して会社が支援すれば、地域への貢献にもなるし社員の誇りにもなり、ひいては労働意欲の向上にもつながるはずだと話した。

CSRは英語の「Corporate Social Responsibility」の略称で、直訳すれば「企業の社会的責任」になるが、一般的には「社会貢献活動」といわれている。社長は頷きながらメモに一言だけ書き込んで、「考えよう」と言ってくれた。

このCSRについては、不意に思いついたものではなく、私が理想的だと思う総合型スポーツクラブとも関連があることだった。地域に根差し、地域に貢献する。やがて地域はそのクラブを誇りに思うようになり、将来の求心力となって人材も集まってくる。このサイクルは、プロスポーツだけでなく、企業にも十分当てはまると考えていた。だからこそ、地域密着の意識の高い横河電機なら、可能かもしれないと思ったのだ。

防災訓練を終えてデスクに戻ると、すぐに社長室の鈴木室長が飛んできた。

「吉田、お前、社長に何を話したんだ！　何にも聞かされず、ただ、お前の話を聞いてこいと言われたぞ。説明してくれ！」

すぐに鈴木室長と会議室で二時間。私の考えるCSRについて話した。

それから三日後のことだった。鈴木室長に呼ばれた。

「お前の熱意は社長にも会社にも伝わった。そこで、ＣＳＲを導入するにあたってプロジェクトチームを作ることになった。そのリーダーが、吉田、お前だ。来年の二月のプレゼンを経て決定する」

まずは会社の成り立ちから歴史を調べ、その企業理念のもとにどんな地域貢献をしてきたかを掌握した。また、日本や海外の企業が、どんな形でＣＳＲ活動を行っているかを調査し、横河電機にふさわしい活動形態を探っていった。

横河電機は、メセナとしてすでに芸術活動支援を中心とした文化事業を展開していて、そのほかにも、部署によって地域へのボランティア活動が行われていた。それらをいったん集約し、新たな三つの柱のＣＳＲ活動を提案した。その一つは、すでに行われている芸術文化に関する活動。そして二つ目は地域の人材育成活動だった。

この頃よく言われていたのが、子供の理科離れで、その原因の一つが学校での実験の減少であるとされていた。私にも記憶があるのだが、小中学校の理科の実験は、理科の成績を問わず、楽しいものだった。ただその実験が年々減少し、その時間は机での勉強に回されていると聞いた。そもそも横河電機は理系の企業であり、学校でできる実験もできない実験も得意中の得意。武蔵野市の教育委員会に話を持ちかけ、実験教室を開くことを提案した。それによって子供たちが理科に興味を持つようになり、やがて優秀な理科系の人材が育って横河電機に入るようなことになれば、大きな還元にもなる。

三つ目はスポーツだった。グランドや体育館を可能な限り地域に開放し、会社のスポーツチームがスクールを開く。そして、地域を代表するようなチームを「フラッグシップ・スポーツ」に定め、支援していく。「フラッグシップ」とは、艦隊の中心である旗艦のことで、「もっとも重要なもの」という意味だ。これらは私がフランスで学んだことで、地域の子供から大人までが誇りに思ってもらえるようなチームがあれば、よりその土地に密着した会社になり得るはずだと思った。いわゆる地域の求心力になるチームだ。この時点で横河電機には、ラグビー以外にも、バレーボールやバスケットボールのチームがあり、いきなりラグビーを「フラッグシップ・スポーツ」に提案することはしなかった。「フラッグシップ・スポーツ」は、社員全員が認めるようなチームでなくてはならず、そこを各チームが目指すならば、時間をかけて選ばれるべきだと考えた。

平日の就業時間はソリューション事業部の仕事以外に、CSR立ち上げのために各部署との調整に走りまわり、夜と休日はラグビー部のヘッドコーチとして選手を指導していった。この頃は会社から自転車で一〇分の、武蔵境というところにマンションを借りていたが、練習後にコーチング・スタッフとのミーティングがてらの食事をして家に帰ると、ほぼ毎日、たちまちベッドに倒れ込んでいた。

その年は二勝六敗一分で、トップイースト10の八位で入れ替え戦を回避し、翌二〇〇五年には、三勝六敗で六位、さらに二〇〇六年には七勝三敗で四位になるまで力をつけていった。当時のキャプテンだった佐藤幸士（現、横河武蔵野アトラスターズ監督）が選手たちをよくまとめ、「勝つ喜び」を知るチームになりつつあった。

二〇〇六年には、役員会でのプレゼンテーションの後、社長室直轄の「社会貢献室」ができ、私はその室長に抜擢された。社内史上最年少の部長であったらしいが、そのことより、自分の提案したCSR活動が会社に認められ、いよいよその活動を本格的に開始できることの方に興奮した。そしてこの年、ラグビー部は横河電機の「フラッグシップ・スポーツ」に定められることとなった。

この時期、都心のマンションに引っ越した。横河電機に勤めて二年。会社もグランドも家も自転車圏内で何かと便利ではあったが、遠征以外で三鷹周辺を出ることがほとんどなかった。せっかく東京に戻ったのだから、通勤に時間はかかるとしても都心に居を構え、昔のラグビー仲間や大学院時代の友人たちにも会いたいと思った。

夏の終わりのある日、秋田の同郷の先輩である、元プロ野球選手の石井浩郎氏の結婚披露宴に招かれ、会場で新郎新婦に歌をプレゼントしていた、大西亜里という女性に出会った。彼女はシンガーソングライターとしてグループでメジャーデビューし、活躍していた。その素直な物言いと笑顔に私はたちまち魅かれた。しかし、ソロデビューを目前にした彼女の毎日は忙しく、私も会社とグランドにどっぷりで、なかなか会う機会を持つことができなかった。

「二〇〇七年から二〇〇八年、このシーズンこそが勝負の年だ」と、選手たちにも語った。つまり、会社の「フラッグシップ・スポーツ」に認められた以上、その地域を代表するスポーツでなくてはならない。ならば、目指すはトップリーグしかなかった。日本のトップで戦うチームでなくては、同じ社内のバスケットボールやバレーボールのチームに申し訳がたたない。

ただ、私が言うまでもなく、選手たちはそのことをわかっていたのだと思う。彼らは、私が慣れない職場で必死に働いているところをつねに見ていて、一〇〇パーセントの力で仕事をしても、ラグビーにも一〇〇パーセントで打ち込めることを理解し始めていた。だから、このシーズンには、技術的なことはともかく、選手たちに多くを要求する必要はなかった。彼らは練習にもゲームにも「覚悟」を滲ませていた。結果はトップイースト11（前年から一二チーム）で一〇戦全勝！　トップチャレンジでも、初戦のマツダに50対0で圧勝し、初のトップリーグ入りを果たす。歓喜に沸く選手たちと肩を叩きあいながら「これで一つ、横河電機に恩返しができた」と思った。

いよいよトップリーグ参戦。横河電機ラグビー部にとって、新たな歴史が始まろうとしていた矢先、内田会長（二〇〇七年より会長に就任）に呼び出された。

「吉田、お前をラグビー部ディレクターにする」

私が入社して二年目から安田部長がラグビー部の監督になっていたが、チームの現場はヘッドコーチである私がリードしていた。そこへ、ディレクターという指示。つまり現場のコーチや監督ではなく、ラグビー部の予算折衝から選手のマネージメントまで、すべてを統括する立場になれというのだった。

最初はどういう意味なのかよくわからなかったが、話を聞くうちに、なんとなく飲みこめてきた。要は、かつての世界選抜選手であり、日本人初のフランストップリーグのプロラグビー選手であり、社内では最年少部長で、ヘッドコーチとしては四年目にしてトップリーグ昇格の立役者。つまりは、私が目立ち過ぎるのだ。そして目立ち過ぎる者には反発が必ず生まれる。会長は、そのことを気にして、一度現場から離れることを提案してくれたのだった。せっかくトップリーグで戦えるのだから、もうしばらくは現場で、ということもできたが、たしかに社会貢献室もさらに忙しくなるであろうし、会長の話にも納得するところもあった。

「お前のラグビー人生はまだ長い。いったん現場を離れ、少し外側からラグビーを見ることも勉強だぞ」

最終的には、この言葉でディレクターという聞き慣れない役職を渋々受け入れることにした。

二〇〇七年五月、亜里は『誰より今…』というファースト・シングルをエイベックスからリリースし、念願のソロデビューを果たしていた。知り合った当初から亜里は気になる存在だったが、しばらくの間はなかなか会うことができないでいた。しかし、亜里が夢を叶えたその頃、急速に近い存在になっていた。

亜里ほど理屈なしに愛おしいと思う女性に出会ったことはなかった。亜里は、周囲に人がいればまずそちらに気を遣うのだが、一方で常にしっかりした自分というものを持っている。きめ細やかなのだが、信念を曲げることはない。そして正直にものを言い、感謝の念を忘れない。会えば会うほど、話せば話すほど、物事に対するお互いの価値観が近いことがわかってきた。その価値観を軸にお互いを見ると、一プラス一が二ではなく、三にも一〇にもなることに確信が持てるようになった。

「この人と、少しでも同じ時間を一緒に過ごしたい。そして、同じ歩調で同じ将来を歩みたい」。私がそう思ったとき、亜里もそう感じてくれたに違いない。

しかし彼女には、「シンガーソングライターとして、ソロアルバムを完成させるまでは嫁には行けない」という意地にも近い自分自身との約束があった。私は横河電機ラグビー部のヘッドコーチとして、チームをトップリーグに昇格させることが使命だったので、とにかくお互いの目指す目標に向けて励まし合ってきた。

亜里は仕事柄もあってか、交友関係が広かった。芸能界、経済界、はたまたスポーツ界まで。私は現役時代からほとんど飲み会などに出歩くことがなく、会社から真っ直ぐ帰宅するような生活だったが、亜里とともに出かけ、各界のリーダーたちと出会うようになり、思えばこの時期にいちばん人付き合いを学んだかもしれない。

二〇〇八年六月、亜里はファーストアルバム『幸せの言葉』を発表し、それから間もない七月二〇日、四〇〇〇人もの知人や友人に祝福してもらい、私たちは結婚式を挙げることができた。そして幸運にも翌月、亜里のお腹の中に新しい命が芽生えた。三〇年間、ラグビー人生を走り続けてきたが、初めてその現場から離れた三九歳の夏、私は人の父親になろうとしていた。

新婚生活は都心の高層マンションでスタートしたが、平屋で育った私はそこでの子育てが想像できず、妻の実家にほど近い横浜市に移り住むことにした。憧れの街だった。週末は二人で、家具やベビー用品を選びに買い物に出かけた。「男の子かな、女の子かな」。これほど笑顔の絶えない暮らしは初めてだった。平穏で、幸せの絶頂の中にいた。

母校である明治大学のラグビー部OBたちとのやりとりで、監督が交代するらしいという話を聞いたのが二〇〇八年の一二月だった。明治ラグビー部は一九九八年を最後に対抗戦優勝から遠ざかり、史上最大の低迷期と言われていた。しかも二〇〇八年度のシーズンは、対抗戦で六位というふがいない成績で、二四年ぶりに大学選手権の出場を逃していた。

明治ラグビー部の監督交代にあたっては、OB会が新監督を選んで大学に推薦し、それを大学が承認して決まるというのが習わしだった。誰が監督になるにせよ、母校のラグビー部をこの低迷からいち早く救い出してほしいと思っていた。

そんなある日、明治の先輩であり、海外勤務から帰国して直属の上司になっていた笹田学常務に呼び出された。低迷する明治ラグビー部をどうやって立て直すのかを大学側に相談され、来週行くことになっているのだが、私にも同行してほしい、ということだった。このところの明治の試合をつぶさに観ているわけではないので、役に立てるかどうかは疑問ではあったが、それでもかまわないなら、と承諾した。ところが、会談の三日前に、笹田常務が骨折して入院。会談は中止かと思いきや、笹田常務から、「俺は行けないが、一人で行ってきてくれ」と言われた。誰と会い、どんな話をするのかもわからず、不安がないわけではなかったが、断るわけにもいかず、とにかく行くことにした。

都内の指定されたレストランに行くと、そこには土屋恵一郎理事（後に学長となる）と藤巻幸夫特任教授（伊勢丹時代、カリスマバイヤーとして名を馳せた先輩）、そして納谷廣美学長が待っていた。会談は私の現役時代の話から始まり、やがて明治大学体育会の現状という話に移っていった。

そもそも体育会は学生の自治活動であり、それを大学がサポートする形で成り立ってきた。学生が自主的にクラブを立ち上げ、それを大学が認めてグランドや体育館の使用を許し、体育会としての活動予算もつけて支援してきたのだった。ところが、歴史を重ねるごとにOBは増えてOB会の力が強くなり、その結果、体育会運動部が誰のためのものなのかわからなくなってきている、ということだった。それはラグビー部に限ったことではなく、どの部においてもOB会の力が増大し、はたして学生のためになっているのか疑問に思える事象も起こっている、と聞かされた。正直なところ、私は戸惑った。ラグビー部の強化についての話だとばかり思っていたし、突然、大学の体育会全体のことを話されても、アドバイスのしようがなかった。しかし、学長の話は続く。

「改革が必要なときにきています」

その改革とは、大学のスポーツ振興を担当する部署を新設し、体育会の活動を正課外授業に位置づけるというものだった。スポーツ振興担当には副学長を任命し、教育の一環として部活動を全面的に大学が支援していく。つまりは、体育会を大学直轄のものにするということだった。

その上でラグビー部の話になった。

低迷するラグビー部を復活させるには、監督をはじめスタッフの一新が必要だということは大学もOB会も意見の一致を見ている。改革を念頭に、OB会とも話し合いをしている。ただ、ＯＢ会からの推薦をめぐって双方の折り合いがついていないとのことだった。そして、さまざまなところから「新監督には吉田義人を」という声が上がっていると聞かされた。さらには大学にも、そういう考えがあると。

これには驚いた。私が監督として望まれているというのは嬉しいことではあったが、そう簡単なことではない。ＯＢ会から推挙されているわけでもなく、自分もＯＢ会の一員ならば、そのルールを破ってまで監督になりたいとは思わない。もしそんなことをすれば、これまで支援してきてくれた多くの人に迷惑がかかるし、その一方、会社では大事な部署を任されている身だ。もしオファーされても、ならばやらせてください、と言えるはずはなかった。

この会談は、オファーではなかったが、私に監督を受ける意思があるかどうかの確認だったように思えた。明治大学ラグビー部が低迷を続け、その立て直しに私の力が必要とされるのなら、引き受けたいと思った。私の力が求められるのなら、全力で応えたいと思った。ただ、ハードルは高いと感じていた。会社のこと、ＯＢ会のこと、自分の生活のこと、考え始めたらきりがないことばかりだった。

納谷学長との会談については、笹田常務と木村専務に直ちに報告した。その報告が内田会長に及んだとき、会長はこう言われたそうだ。

「吉田を絶対に出すな！」

この納谷学長との会談が、どこからどうやって広まったのかはわからないが、数日後にラグビー部の同級生から電話がかかってきた。

「義人、お前大丈夫か？　ちょっと耳にしたんだけど、妙な動きをしているらしいじゃないか」

噂によれば、私がOB会を無視して学長に擦り寄り、新監督就任を画策しているということだった。しかもそれを伝えてきたのは一人ではなかった。

「冗談じゃない！　俺がそんなことするわけがないだろう！」

つい大きい声を出したが、噂が独り歩きしているというのは事実らしかった。基本的に私は誤解を恐れない。私の信念によっての行動が誤解されたとしても、行動し続けることがやがて誤解であったことを証明してくれると信じている。ただ、誤解が広まり、さらに新たな誤解を生んで他人に迷惑をかけるような状況は避けるべきだと思った。

電話をくれた一人の斎藤昌志に電話をかけ、経緯を説明するから同期を集めてほしい、と頼んだ。せめて四年間をともにラグビーに打ち込んだ同期の仲間たちだけには理解してもらいたかった。そして誤解の波が押し寄せたとき、彼らが防波堤になってくれることを信じていた。

それから数日後、斎藤昌志の自宅にラグビー部の同期が一〇人ほど集まってくれた。地方からわざわざ来てくれた者もいた。

それぞれの近況報告もそこそこに、私は本題に入った。横河電機ラグビー部のヘッドコーチを退いてディレクターに就任したことから始め、笹田常務の代理で大学側と話したこと。そこで大学の体育会改革の説明を聞かされたこと。そして、監督へのオファーに近い話があったことを認め、しかし断じて引き受けるとは言っていないというところまで。

「余計なことを考えさせて悪かった。そして、心配してくれてありがとう」

そう言って説明を終えると、みんなほっとした表情になり、空気は一気に和んだ。ただ一人、丹羽政彦だけは不満顔だった。

正式なオファーは、納谷学長からの直々の電話だった。大学側としては、現役時代の実績だけでなく、指導者としての経験や実績をふまえ、さらには私が大学院で学んだ経験は、体育会活動を教育の場にしようとする改革の指導者として生きるはずだと判断したということだった。OB会とは、吉田新監督で折り合いをつける。ついては、前向きに検討し、引き受けられるならば、その条件も提示してほしい、ということだった。

「OB会とは折り合いをつける。吉田新監督で納得してもらう」。これは大きなことだった。さらに、常に相談相手になってくれた妻の亜里、両親、兄弟ともに「明治の監督になるべきだ」と背中を押してくれた。これで私の決意は固まった。

もし監督を引き受けるなら、会社からの出向という形で行くつもりはなかった。そこは教育の場であり、ただ単にラグビーの指導だけに行くわけではない。北島監督がそうであったように、監督を受けるなら、他の肩書のない専任監督として学生たちと向き合いたい。つまり、このオファーを受けるなら、会社を辞めることになる。

大学からの申し入れと自分の気持ちを笹田常務と木村専務に話した。答えは予想通りだった。

「四年でも六年でも、出向で行ってこい。そして明治ラグビー部を立て直したら、戻ってきて社業に邁進してほしい。内田会長からも、吉田は会社として必要な人材で、吉田を出すなと言われている」

本当に嬉しい言葉だったが、そのつもりはないと言うしかなかった。

ここで事件が起こる。『吉田義人氏（横河電機）、明治大学ラグビー部の新監督に！』。こういう内容の記事が新聞で報道されたのだった。どこから話が漏れたのかは不明だが、何も決まっていない段階で新聞記事になり、慌てたのは私だけでなく、会社も大学も同様だった。すぐに鈴木室長に呼ばれた。そしてこう言われた。

「吉田、貝になれ」

私が何をしゃべっても憶測が憶測を呼び、誤解が生じるだけだから、一切口を開くな、ということだった。

そしてたちまちのうちに会社と大学で話し合いがもたれた。大学側は、報道以前にOB会も私の監督就任について賛同しているので、是非に、ということだったらしい。一方の会社側は、どんなことをしても「吉田を出さない」という方針だったが、この報道によっての社内の動揺を一刻も早く納める必要に迫られていた。

その結果、数日後に新監督発表の記者会見が予定されることになった。

「吉田を絶対に出すな！」

そうおっしゃったという内田会長だったが、記者会見の前日に会長室に呼ばれてお会いすると穏やかな表情でこう言われた。

「納谷学長から丁寧なお願いのご挨拶があった。お前の意思も固いと聞いた」

「はい。申し訳ありません」

「私はこれから、これを持って納谷学長に会いに行く。私が署名する前に、読んでもらいたい」

そう言って二枚にわたる手紙が差し出された。

そこには、私が横河電機ラグビー部をトップリーグに引き上げたという実績から始ま

監督就任の記者会見。「明治の矜持を取り戻します」が第一声だった。

り、ラグビー部と会社にとって、私がいかに必要な人材であり、今後もいかに期待をしているかが述べられていた。内田会長にここまで評価してもらえていたのかと驚きながら、同時に熱いものがこみ上げてきた。そして手紙の二枚目にこうあった。

『当人の明治大学ラグビーへの思い、将来の教育者への道を考えると、喜んで送り出すのが男の義かと決断した次第です』

そして最後はこう結ばれていた。

『「がんばってこい。必ず優勝するのだぞ！」とエールを送りたいと思います。今後とも、吉田義人によろしくご指導を賜りたく、お願い申し上げます』

読みながら、涙が溢れてしかたがなかった。ふと顔を上げると、内田会長の目にも涙があった。奇《く》しくもこの日は、私の四〇歳の誕生日だった。

二〇〇九年二月一九日、明治大学で監督就任の記者会見に臨んだ。納谷学長、鈴木OB会長、中邨ラグビー部部長が同席してのものだった。

「明治の矜持を取り戻します」

その会見で、私は、まずそう言った。「矜持」とは、誇りを持ち、堂々と振る舞うことで、明治ラグビー部の一員であることに全員がプライドを持ち、自信を持って戦っていける集団にしなくてはならないということだった。そして、私が社会に出てさまざまな経験から学び、チームの再生に必要だと感じた言葉が「礼儀」、「真摯」、「矜持」、「継承」、「感動」の五つだった。

横河電機でも明治大学でも私の立場は指導者だが、明治での相手は学生だ。ここは大学であり、あくまでも教育の場である。ラグビー部として勝つこともちろんだが、社会に出て一人前の社会人として通用する人材を育成することも重要になってくる。北島忠治監督に学んだことを胸に、全身全霊でチームを支えていく、と会見を結んだ。

第十二章　明治の矜持を取り戻す

二〇〇九年四月。卒業して以来、一八年ぶりに八幡山グランドに立った。

すでに卒業を控えた四年生は抜け、一年から三年までの新チームになっていた。その彼らを見て最初に感じたのは「迷走」だった。

「集合！」と声をかけて、走って来たのは八〇人近くのうちの数人だった。あとはだらだらと話しながらやってくる。「集合」の号令から監督が話し始められるようになるまでどれほどの時間がかかっただろう。私が学生だった頃と比べてもしかたのないことだが、あまりのゆるさに愕然《がくぜん》とした。このとき、始めなくてはならないのは、ラグビーではなく、それ以前のことからだと思った。自律できる大人になり、優勝という目標に向かうために必要だと思う言葉を五つ掲げた。「礼儀」、「真摯」、「矜持」、「継承」、「感動」。そして、なぜそれが必要なのかを話すことから監督の仕事が始まった。

そして四月一四日、待望の長男が誕生した。サムライであってほしいとの想いから「侍人（らいと）」と名付けた。大きな喜びとともに、守るものが一つ増え、身が引き締まった。出産祝いに友人から小さなラグビーボールが贈られた。侍人が生まれて初めて触ったボールは、丸い形ではなく、楕円形のボールだったのだ。

私の監督としての契約は一年ごとだったが、学長の任期があと三年だったのでまずは三年、ということになっていた。この三年という期間は決して長くはない。しかも、学生たちの意識改革から始め、結果まで求められるとあっては、短期間だといってもいい。改革には理由が必要だ。その理由を学生たちが納得してはじめて改革が始まる。ただし、急速な改革は理解がついてこない場合が多く、危険でもある。焦ってはいけない。そのためにも、私が現状を把握することが先決だった。

私は、部員全員の一人ひとりと面接をした。個人を知ることも目的だったが、彼らのラグビーに対する意識がどの程度で、どこに向かおうとしているかを知る必要があった。

この面接で印象的だった選手が三人いた。当時二年生だった日高駿は一九〇センチ以上ある長身のロックで、練習を見ていて、いつかものになると感じた一人だった。

「お前が必要になるときが必ず来る。期待してるぞ」

面接の最後にそう言葉をかけたとたん、日高は身体を震わせて泣き出した。どうしたのかと思って聞いてみると、こう言う。

「いつもお前はダメだダメだって言われてきて、やめてしまえ、なんて……。メンタルも弱いし。期待してるなんて言われたこと、なかったんで……」

「日高、メンタルは自分で作るんだよ。目標を持って練習する。それをクリアしたら、さらに上の目標。目指すものがあるから、練習も身についてくる。それが自信につながってメンタルも強くなる。そしてその姿を見てるから、仲間も信頼を寄せるようになる。俺は、期待してるからな」

大きく頷いた日高はその後めきめきと成長し、ほんとうに期待に応えてくれる選手になっていった。

もう一人は同じ二年生の小泉将。練習を見る限り、粗削りでパスもちゃんとできないように見えた。しかし、彼の動きには「ボールを持って走るのがラグビーだ」という信念のようなものがあった。大柄ではないのに当たりが強く、少々のタックルでは倒れない。いわゆる粘り腰。

「パスもキックも苦手なら、それにこだわることはない。それより、得意なプレーをさらに磨いてくれれば、試合に出場できるチャンスは必ずくる」

そう言ったときの小泉の目が輝いていたのをいまでも覚えている。

そしてもう一人は秦一平だった。彼も二年生で、身長が一五二センチのスクラムハーフだった。身長一五二センチ、体重五二キロというのはラグビー選手でなくても小柄だが、彼のプレーを見たとき、相当な可能性を秘めていると私は感じていた。このまま成長していけば、観る人の心に響くようなプレーができるようになり、やがては日本のラグビー界を代表するプレーヤーになるかもしれない、と思っていた。彼の身体能力の高さとガッツは、そのプレーに十分表れていた。

「自分では不利だとは思っていないのですが、やっぱり身体が小さいのでゲームに使ってもらえないのではないかと……」

面談の席で、秦は控えめな口調でこう言った。

「俺だって小さいよ。でも日本代表になれたし世界で渡りあってきた。俺は身体の小ささを有利だと思ったことはあってもハンデだと思ったことはない。だからそういうことは忘れて、自分のプレーをさらに磨いてほしい。期待してるよ」

私がそう言うと、彼はほっとしたような表情で頷いた。

部屋を出ていく秦一平の背中は、エネルギーに満ち溢れているように見えた。

選手の弱点を指摘するのは簡単なことだ。指導者として重要なのは、それをいかに克服させるかということと、さらには本人たちが気づいていない潜在能力を発見し、それを伸ばす手助けをするということだ。


明治ラグビー部の再生にあたり、意識改革の第一歩として、寮の各部屋の整頓をするように話した。中にはそこそこに片づけられた部屋もあったが、大半は散らかり放題で、そういう状態が長く続いていることは一目瞭然だった。整理されていない部屋に慣れてしまうということは、頭が整理されていなくても平気であることと同じだと私は思う。そして、整理されていない頭でゲームに臨めば、瞬時に良い判断でプレーをすることはできない。

「部屋の乱れは心の乱れだからな。散らかった部屋に慣れてしまえば、心が散らかっていても平気になってしまうんだぞ」

そして挨拶。これは社会の基本だ。私がみんなに挨拶をしているのに、声だけ出して他所を向いているような部員も多くいた。下級生に挨拶されても、適当に応えているような上級生の態度は論外だ。

「監督の俺は、一〇〇人全員一人ひとりに面と向かって、おはよう、と声をかけられるわけではない。ただ、君たち一人ひとりは俺に挨拶しているわけだから、たとえみんなが揃って一斉の挨拶であっても一度俺の目を見てから言ってほしい。きちんと相手を見て挨拶するのが、本来の挨拶というものだから」

命令ではない。そうしなければならない理由、そうした方がいい理由を話し、理解してもらうことを心掛けた。先ほども書いたが、納得していないところに改革は浸透しない。

この年の関東大学対抗戦は初戦の日体大から三連勝したものの、第四戦の慶應大、第五戦の筑波大に連敗し、さらに帝京大には0対56と大敗を喫してしまう。監督も代わり、新しい一歩を踏み出したつもりの選手たちにとって、このスコアは相当なショックのようだった。「吉田、何やってんだ!」。スタンドのあちこちからヤジが飛んできた。もっとひどい言葉も耳に届く。しかし期待あってのヤジだと思い、ぐっと堪えるしかなかった。ただ、このスコアの差が現状だったし、私には想定内のことであった。負けることに慣れて

ミーティング風景。とにかく学生たちに理解してもらうように努めた。

しまったチームを立て直すのは、そう簡単なことではない。意識改革が浸透するにも、時間はかかる。学生たちにもそう話した。ただし、この差を本気で縮めようと思えば、必ずできるということを彼らに伝えた。最終戦の早稲田大にも14対16で敗れ、対抗戦を三勝四敗で終えた。

大学選手権は、一回戦、二回戦を突破し、正月、一月二日の準決勝まで進むことができたが、その準決勝で再び帝京大に12対43で敗れる。前年度は選手権の出場も逃していただけに、周囲からの期待の声も多く寄せてもらったが、私も選手たちも、目指しているのは対抗戦と選手権の優勝だった。

監督一年目を終えたところで、学生たちは大きな成長を見せていた。寮生活においても自主的に規律が守られるようになり、練習も集中力を欠くようなことが少なくなっていた。

監督の言葉は「絶対」だとは思わない。監督に言われたからといって闇雲に突き進むことの方が危険も多い。それより、いかに学生たちが方針を納得して自分に生かすかの方がはるかに大事だ。だからこそ、私は学生が納得できるように言葉をつくした。ミーティングにもつねに資料を用意し、練習の目的や強化のポイントを理解しやすいように準備をした。そしてコーチたちスタッフにも同じことを求めた。

ただ、頭で理解できても、それを実践に移すのは容易なことではない。

「一〇本のタックル練習のすべてに集中しよう。一本でも楽をしたら、そのせっかくの一本は無駄になるんだぞ。そしてその一本の無駄が、他校との差になる。勝ちたいのなら、その一本を大事にしてくれ」

こう言うと、どの学生も真剣なまなざしで頷く。みんなわかっているのだ。ところが練習も最後の頃になると身体はきつくなってくる。息は切れ、体力の限界も近く、立っているのさえしんどくなる。「あと一本で終わる」。そんなことを考えたときには集中力は失われている。そして、ここを乗り越えた者が、いつしか手ごたえを感じられるようになる。そうなれば彼らは次のステージに上がれることになるのだ。

私が声をかけるのは、その一本を乗り越えられない選手たちだ。

「どうした、いまのプレーは。どこか痛みでもあるのか？　もしそうなら、休めよ。痛みをおして練習しても、故障を悪化させるだけで成果はないからな」

私がそう言うと、たいていの選手は、はたと気がついたかのように答える。

「すみませんでした！　集中していませんでした！」

「わかった。体調不良や怪我じゃないなら、さあ、全力で行こう」

基本的に、私は学生を怒ったりしない。唯一、私が彼らに怒るような場面があるとすれば、それは信頼関係が損なわれそうになったときだ。つまり、約束を守れないとき。

何度も言うが、私は命令はしない。そして私の言葉が命令ではないことも、学生たちには幾度となく伝えてある。つまり、お互いの間にあるのは、双方が納得して取り決めた「約束」だ。

監督になってこのチームを見たときから、不足しているのはフォワードの勇猛さだと感じていた。かつては重戦車と呼ばれた明治のフォワードだったが、私が学生だったあたりから各大学が体格のいい選手をフォワードに揃え、重量だけで勝負できる時代ではなくなっていた。

フォワードを鍛える。これが最重要課題だった。

ラグビーの攻撃は、基本的にセットプレーを支配したところから始まる。フォワードがマイボールをキープできなくては、バックスにボールは回ってこないし、そのバックスにどんな優秀な選手がいても宝の持ち腐れになる。これは、私が明治のキャプテンになった直後のチームにも似ていた。あのとき、ウイングだった私はあえてフォワード陣の先頭に立ってランニングをした。強いフォワードに走力が加われば、それだけ攻撃の選択肢は多くなる。つまり、前に真っすぐに突き進む激しいフォワード、そして走れるフォワードが必要だった。

ただひたすらに厳しいトレーニングを強要するのではなく、監督が求めているチームを彼らに話し、そこに向かって彼らが何を考えるかが大事だった。そして就任から二年目になって、選手たちの「勝つこと」への覚悟がしだいに見られるようになった。

二〇一〇年の新チーム。キャプテンには杉本博昭を指名した。一年間、三年生の世代を見てきて、勝つことの意味を理解し、同世代の中でも、よりリーダーシップを発揮していたのが杉本だった。

トレーニングや練習の細かな改変はあったが、とにかくそれに耐えながら上を目指すには、メンタルの強化が必要だった。だから学生たちには、こう言い続けた。

「とにかく自分に勝ってくれ。弱い自分は誰にも、俺にもいる。その弱い自分と戦って勝ってくれ。そして、自分に自信と誇りを持ってくれ」

この年の関東大学対抗戦は、初戦の日体大戦から第五戦の慶應大戦まで、無傷の五連勝。そして迎えた一一月二一日は、昨年度に初優勝を成し遂げていた帝京大との試合だった。前年の対抗戦では大敗した相手だったが、その悔しさを胸に一年間練習を積み上げた選手がどれほど成長したかを見せてくれた。前半を10対0で折り返し、後半の帝京大の追い上げも10対14でしのぎ、20対14で勝利する。秩父宮のグランドで涙しながら抱き合う選手たちを見て、「よくここまで成長してくれたな」と思った。しかし、ここがゴールではない。選手たちを褒めながらも、気持ちを切らさないようにと声をかけた。

そして一二月五日は最終戦、早稲田大学との伝統の一戦だった。この時点で早稲田は慶應大に負けていて五勝一敗。六戦全勝の明治は、この試合に勝てば全勝優勝だった。しかしこの日の早稲田は強かった。明治のフォワード陣は満足にプレーさせてもらえず、自分たちのペースをなかなかつかめずにボールを支配される時間が長く続く。その結果が前半の3対17のスコアだった。ただ、スコア通りの実力差ではないことは、選手たちもわかっていた。後半は随所に明治らしいプレーが見られるようになり、12対14とほぼ互角の内容だった。

これで明治と早稲田は六勝一敗。さらに慶應も六勝一敗で並んでいた。ところが大学選手権の組み合わせを決めるには、順位を確定する必要があった。勝率は三校とも同じ。規定のトライ数では三校の対戦の中で、早稲田、明治がともに5、慶應が4で、早稲田と明治が上位になるはずだった。ところが、トライ数では三校の順位がつけられないために、三校間の得失点差で順位が決定され、その結果明治は三位の扱いになってしまった。

「三位とはいえ、どんな戦いをしてどれだけ成長したかは、みんなが知っているはずだ。優勝チームだという誇りを持ってほしい。胸を張って選手権に行こう」

大学選手権第四七回大会は、初戦、二回戦と順調に勝ち進み、二〇一一年一月二日、国立競技場の準決勝を迎えた。相手は対抗戦で唯一負けた早稲田大学。しかし、やはり簡単に突破できる相手ではなかった。前半こそ五分に戦っていたが、後半に入ると明治は歯車がかみ合わず、四年生のバックス陣が負傷で次々に退場してしまい、一方的な展開になってしまう。10対74での大敗。明治は着実に力をつけていたものの、他校も必死なのだ。課題は下級生に残されていく。

この選手権後、関東ラグビー協会に、対抗戦での同率優勝や同率二位を認める順位決定規定を設けてほしいと提案させてもらった。大学選手権の組み合わせのためには、順位付けは必要かもしれないが、私の四年時の対抗戦優勝が、明治と早稲田の両校優勝だったように、現在の規定にも同時優勝があっていいはずだと思った。

二〇一一年の四年生には、近い将来日本代表に招集されそうな、チームの核になるような選手がいなかった。少なくとも、リーダーシップを感じさせる選手が見あたらない。ただ、こういうケースは四年生がまとまりやすいのも確かだった。とはいえ、誰かがキャプテンシーを発揮してチームを引っ張っていかなければ、まとまりだけのチームになってしまう。だから、監督からの一方的な指名は避けた。

新チーム発足後、四年生を集めてリーダーとは何かを話し、自薦でも他薦でもかまわないから、キャプテン候補を出すようにと言った。期間は一週間。

それからちょうど一週間後、ミーティングの後に一人の四年生が部屋にやってきた。溝口裕哉だった。選手としてはチームに欠かせないセンタープレーヤーだったが、口数も少なく、意見を前面に出すタイプではなかった。その溝口がこう言う。

「監督、僕にやらせてください」

溝口は前年の対抗戦期間中に膝の皿を割る大怪我を負い、その後のシーズンを棒に振っていた。それでも黙々とリハビリに励み、再びレギュラーを目指す姿は他の選手に少なからず影響を与えていた。私は彼にこう言った。

「わかった。ただ、自薦が一人しかいなかったからといって、キャプテンに指名するわけにはいかない。お前にその気持ちがあるのなら、お前の色を出してくれ。お前がその気になれば、みんなの反応も変わってくるはずだ。そこでキャプテンにするかどうかを決めるから」

そもそも、何事においても積極的な溝口ではなかったが、責任感も強く、個性を主張し合わない同期をまとめるには適任だったかもしれない。しかし、それだけでは、すべての責任が溝口に降りかかってしまう恐れがあった。彼が、ただの頼れる同級生から、チームを見渡して引っ張っていくキャプテンになるまで、辛抱して待つつもりだった。

溝口を正式に指名したのは、六月あたりになってからのことだった。その頃には、溝口の膝の怪我もすっかり癒え、周囲も彼をリーダーとして認める雰囲気が十分にあった。

一一月二〇日、秩父宮ラグビー場。全勝の明治は、同じく全勝で二年連続して大学選手権を制していた帝京大と戦う。明治が勝てば、早明戦の結果にかかわらず一三季ぶりの優勝が決定する試合となった。「優勝」の二文字に気負いがあったとは思えないが、この試合は明治の小さなミスから帝京大のペースに持ち込まれ、8対17での敗戦。

そして続く一二月四日は、負けられない最終戦の早明戦。この試合で、チームは明治らしい姿を見せてくれた。ひたむきに前進するフォワードとわずかな隙をついて走るバックス。両者がかみ合って前半は13対3とリードする。しかし、早稲田も意地を見せる。早いリスタートから次々に攻撃を仕掛け、13対15と逆転される。その後、後半三〇分にはペナルティーゴールで明治が逆転。残り二分、なんとか明治はボールをキープしようとするがペナルティーをとられてしまう。このゴールを決められて、16対18となったところでノーサイド。どちらに勝利が転んでもおかしくない試合だったが、スタジアムは素晴らしいゲーム内容への大きな拍手に包まれていた。

「これが早明戦」

試合後のインタビューでそう言ったのを憶えている。負けはしたが、彼らは明治の矜持を示してくれた。久しぶりに現役時代の早明戦を思い出し、熱くなった試合だった。選手が「勝つ」ことを求めるのは当たり前だが、勝利だけが感動を与えるわけではない。そのことを選手たちが身体で感じたとき、その場に立ち会った選手たちはさらに上を目指せるようになる。

結局対抗戦は、全勝した帝京大が優勝。二敗の明治、早稲田、筑波は同率で二位となった。大学選手権では二回戦で筑波大に惜敗。またしても頂点を仰ぎ見ながらの敗退となった。

監督就任二年目で、関東対抗戦グループ三位、そして三年目に同率二位。監督が意識してもしかたないことではあるが、周囲からの「次は優勝」という言葉は否が応でも耳に届いてきた。

二〇一二年の四年生は、私が監督になったときの一年生だった。つまり、彼らは明治の監督を私しか知らない。だから、吉田義人が求める明治ラグビーのスタイルだけを実践してきた世代といえる。すでに意識改革などは必要なく、普段の寮生活も練習も自律した姿が見られ、上級生が公私ともに下級生のコーチ役を果たすようになっていた。

前年の最終戦だった筑波大戦でスターティングメンバーに名前があったうち、七人が新チームに残っていた。去年のレギュラーが半分近くいたわけだから、怪我さえなければ戦力は十分といえた。とくに竹内健人、堀江恭佑、染山茂範、前田一平など、チームを牽引できるような選手が多くいて、高いレベルでまとまっていた。

こうなると、悩むのはキャプテン指名だ。最終的には竹内と堀江に絞ったが、それからも悩んだ。結果的には一年生時から学年のリーダーを担い、人望もある竹内にしたが、堀江がキャプテンでも堀江らしいリーダーシップを発揮しただろうと思う。だから、堀江と染山はバイスキャプテンにした。そして前田は寮長にした。

このチームの弱いところは、ディフェンスだった。フォワードも充実していて攻撃のオプションも備えていたが、ディフェンスとなると雑なプレーから失点を許してしまうことが多く、この課題を克服することが「優勝」への道であると感じ、選手たちにもそう話した。

しかし、このチームに関しては、心配はしていなかった。春の招待試合などを通して、自分たちの弱いところは彼ら自身がわかっていたし、それをどのように克服していくかも彼ら自身で考えていた。この三年間は関東対抗戦での優勝こそなかったが、「勝つ」ということを経験し、「勝つ」ためにラグビーに打ち込む覚悟も十分にできていた。勝ちながら反省ができるチームは強い。だからこの年は、私自身が「勝つ」という言葉をほとんど使わなくなっていた。

「練習通りにやれ。練習通りでいいんだぞ」

試合前には、こう声をかけた。まさに北島忠治監督の言葉通りだ。そしていつしか、選手たちもそう言うようになっていた。「練習通り、練習通り」

関東大学対抗戦は、立教大との96対0の試合から始まった。その後、四連勝しての帝京大戦。昨年と同様の全勝対決で、勝てば優勝が決まる試合だった。

前半はお互いにミスはあったものの、互角に戦っていた。ただ、そのミスが明治に多く、スコアこそ13対14ではあったが、リードしていなくてはいけない展開であった。そして後半開始直後から、ミスが大きな穴になっていく。連続3トライを奪われると、王者帝京を止めることはできなかった。

誰でもミスはするし、どんなゲームにもミスは付き物だ。しかし、そのミスをチームとしてカバーできるかどうかが勝敗を分ける。ミスを引きずったままの明治と、ミスがあったことを感じさせない帝京。この試合で帝京に教わったことを次にどう生かすかが課題だと選手たちに話した。

一二月一日、全勝の帝京大と一敗の筑波大との最終戦は、10対24で筑波大が王者帝京を破り、ともに六勝一敗で並んでいた。つまり翌日の早明戦に勝てば、明治も六勝一敗になり、一四季ぶりの優勝となる。

この国立競技場での対抗戦最終戦はくしくも一〇〇回目の早明戦となり、メモリアルゲームと位置付けられた。前半は激しい攻防の末、19対13でリード。しかし、後半は早稲田に追い上げられ、逆転されてしまう。そしてついには26対32とされ、スタンドの明治ファンの誰もが諦めかけたロスタイム。しかし、私はもちろんのこと、コーチ陣も選手たちも諦めてはいなかった。

早稲田ゴールラインの一〇メートル手前からのラインアウト。これを奪った明治は何度も何度も早稲田のディフェンスラインに突っ込んでいく。そのたびに厚い壁となって突破を阻止する早稲田。

「明治！　明治！」、「早稲田！　早稲田！」の大声援が響き渡るスタンド。時計はすでにロスタイムを終えていた。あれは何度目の攻撃だっただろうか。密集から出たボールがスタンドオフの染山に渡る。染山は迷うことなくディヘンスラインに突き進む。タックルを受けた染山からボールがこぼれ、それをフォローしていた古屋がキャッチしてそのままインゴールに飛び込んでトライ。染山が落ち着いてコンバージョンキックを決め、33対32と再逆転した瞬間に笛が鳴った。

あの瞬間はいまも国立競技場にいるかのように鮮明に憶えている。どんな場面でも逃げることなく、ひたむきに前へと走った我が明治の選手たち。それを真正面から受けてくれた早稲田の選手たち。監督としてではなく、一観客として魂を揺さぶられたゲームだった。国立競技場を埋め尽くした、すべての人がそうだったにちがいない。感動に全身がし

早稲田に勝利して、関東対抗戦優勝！　はじける笑顔。

びれた瞬間だった。グランドに降りると、選手たちが一斉に駆け寄ってきた。歓喜の抱擁。

この勝利で、一四季ぶりの関東対抗戦優勝が決まった。心から選手たち、スタッフたちを誇りに思った。

そして迎えるは大学選手権。ここまできたら、大学日本一を彼らに味わってもらいたかった。明治ラグビーをここまで再び引き上げた四年生に、大学日本一の称号とともに卒業してもらいたいと心底思った。

大学選手権第四九回大会セカンドステージはプールCに入った。初戦の日本大学、続く近畿大学に連勝するものの、三戦目の東海大学でディフェンスの甘さが出てしまった。フォワードは決して負けていなかったが、東海大の重いモールにペナルティーを犯してしまい、得点を重ねられる。後半の追い上げも及ばず、36対45で敗戦。またしても日本一には届かなかった。

監督就任から四年。大学選手権の優勝は未経験だったが、確実に選手たちは成長を続け、その目標が視界に入るところまできていた。四年生が抜けた新チームも、一年生から私と付き合ってきた世代だ。先輩たちが示してきた明治の伝統と矜持は継承されていくはずだ。

私の監督としての契約は、一年ごとの単年契約だった。三年目を終えたところで納谷学長は退任されていたが、私の契約は続いていた。

じつは私が監督に就任する記者会見の直前に、当時の柳沢副学長から聞いたことなのだが、四年前、OB会は丹羽政彦を監督に推挙しようとし、それを受けて丹羽はコーチングスタッフの人選まで進めていたというのだ。

そして二〇一三年一月、松橋副学長に呼ばれ、OB会から新監督として丹羽があらためて推挙されていると知らされた。副学長は私も承知していると思っていたらしいが、初めて聞くことだった。ただそういう話がある以上、丹羽が準備を進めていることは想像できた。

四年前、大学側は吉田義人がラグビー部の監督になることを熱望し、私もその期待に必死で応えようとした。求める者と求められる者の熱が一緒になって大きな力になる。そして納谷学長が退任されて二年目、ここがそういう場所でなくなったのを察知した。求められていないならば、居座るつもりはない。このタイミングで、次に控える丹羽にバトンタッチしよう。

私には広くラグビー界に貢献するための今後の構想もあった。そして私が監督になったときの一年生が四年生になり、卒業を迎えようとしていた。四年間、共に戦ってきた彼らと一緒に卒業しよう。そう決意した。

「吉田監督とラグビーができて本当によかったです！」

「監督とのラグビーは一生忘れません」

卒業の日、四年生一人ひとりが言葉を残しながら握手をしてくれた。怪我に泣いた学生もいた。私の未熟さゆえに、伸ばしてやれなかった才能もあったかもしれない。そして何より、大学日本一の感動を彼らに知ってもらうことができなかった。心残りはあったが、それぞれの一年が本当に充実した、あっという間の四年間だった。

第十三章　次世代を育てる

明治大学ラグビー部の監督に就任した二〇〇九年は、私にとってそれ以外にも大きな出来事が三つあった年だった。一つ目は息子侍人の誕生であり、二つ目が、二〇一九年のラグビーワールドカップ日本開催の決定だった。アジア初の、そして日本単独開催。この知らせに声を上げて喜んだ。私が明治で指導する選手が、日本で開催されるワールドカップに出場し、活躍するかもしれない。そう考えただけでも興奮した。

そしてもう一つが、二〇一六年のオリンピック、リオデジャネイロ大会から、男女の七人制ラグビーがゴルフとともに正式種目に決まったことだった。現役時代から、「なぜラグビーはオリンピック種目ではないのだろう」とずっと思っていた。そして周囲にいた他競技のオリンピアンがうらやましかった。そしてついにラグビー選手がオリンピックに出られるときがきたのだ。ラグビー選手がオリンピアンと呼ばれるようになる。さらに、そのことがラグビー界のすそ野を広げることにつながるかもしれないのだ。本当に嬉しいニュースだった。

この時期のラグビーは野球やサッカーにすっかり取り残され、早明戦でも日本選手権の決勝でさえ、私が現役の頃のように国立競技場を満員の観客で埋めることはなくなっていた。ほぼマイナースポーツといってもいいような状態だった。だからこそ、この二つの大きなニュースは、ラグビーをもう一度盛り上げるきっかけになるはずだと思った。オリンピック種目になるなら、日本でワールドカップが開かれるなら、ラグビーをやってみようか。そういう子供たちが増えることを期待した。

ただ当時の私は明治の監督になったばかりであり、集中すべきは明治のラグビー復活であった。だから、とくに七人制に関しては、口には出さないようにしていた。とはいえ、私自身が七人制の代表にも選ばれ、海外でも戦ってきたので、オリンピックに向かって日本がどういう準備をしていくのかは気になっていた。

七人制ラグビーの世界大会は一九七六年の香港セブンズに始まり、一九九三年には第一回のワールドカップがスコットランドで開催された。その大会には私も日本代表の主将として出場し、予選プール（予選リーグ）の三位、四位同士で争うボウル・ファイナルズで地元スコットランドを破って九位になっている。そして一九九九年からはワールドラグビーセブンズシリーズが始まり、二〇〇六年よりＩＲＢセブンズワールドシリーズに名前を変え、現在に至っている。

ワールドカップが始まったあたりまでは、各国の選手の大半が一五人制の選手だったが、その後、世界は七人制の強化をはかり、七人制専門の選手を多く輩出してきている。つまり、前にも述べたが、一五人制ラグビーと七人制ラグビーは同じラグビーでありながらラグビーの質が違う競技なのだ。だからこそ、七人制ラグビー専門の選手を育成し、強化してきた国が世界ランキングの上位にいる。しかし日本においては、専門の選手の存在すらなく、したがって、七人制の大会に参加する場合も、一五人制の選手から代表が選ばれてきていた。

その七人制がオリンピック種目になるということは、当然日本ラグビー協会もそこに焦点を当て、強化が進んでいくものと思っていた。しかし、二〇一〇年になっても二〇一一年になっても、そういう話が伝わってこず、個人的に残念に思っていた。

そういった背景があったからこそ、二〇一三年に明治の監督を辞めることになったとき、真っ先に頭に浮かんだのは、七人制ラグビーのことだった。七人制ラグビーを通じて心から愛され、応援される人を育てる。ラグビーの普及に努め、やがてはオリンピック選手となる人材を育てる。そのことが、ひいてはスポーツ選手としての社会貢献にもつながっていくと思ったのだった。


現役の頃から日本ラグビーフットボール協会の多くの方にお世話になった。そして、明治大学の監督に決まったときも期待の声をかけてもらっていた。

「吉田さん、明治を強くしてくれ。そして大学ラグビーを盛り上げてくれ。それがラグビー人気の復活につながるから」

監督を務めた四年間が、その期待に応えられたかどうかは別にして、そういう方々にご挨拶の連絡を取り、明治を辞めることを報告した。

「それで、これからどうするんだ?」

一様にそう訊かれたが、その中に当時の日本ラグビーフットボール協会会長の森喜朗氏がいた。話の流れで、ラグビーの普及のために私が何を考えているかをお話しさせてもらう機会を得た。

ニュージーランド、オーストラリア、南アフリカ、イングランド、フランスなど、ラグビーをプロスポーツとして運営し、繁栄している国は、すでに一五人制と七人制は別の競技だという認識で七人制にも力を入れている。オリンピックを控え、日本も世界の強豪と互角に戦ってメダルを目指すには、七人制の認知と普及活動に取り組み、スペシャリストを育てていかなくてはならないと思っている。

そう話したところ、森会長は「たしかにそうだ」と頷き、「でも、いまの協会には、そこまでの余裕はない」と言われた。それが二〇一三年時点での情況だったのだと思う。日本のラグビー人気はまだまだ回復しておらず、それでも二〇一九年のワールドカップ開催に向けて人材も資金もつぎ込んで盛り上げていかなくてはならない。七人制がオリンピックの正式種目になるという画期的なニュースがあったとしても、なかなか手が回らなかったのだろう。

「ならば、自分がやってみようと思います。まずは七人制ラグビーの認知活動です。そして、オリンピックを目指せるような選手を自らの手で育成し、さらなるラグビー界の発展に貢献していこうと思います。それを自分の使命として」

森会長だけでなく、副会長、専務理事、ゼネラルマネージャーの方々にもそういう話をさせてもらった。もしそこでストップがかかるようなら諦めるしかなかったし、協会の意向にそむいてまで何かをするつもりはなかった。するとどの方たちからも「そういう意識で取り組んでもらえるのは、ありがたいことだ」という返事が返ってきた。

ならば、やろう！　七人制ラグビー専門のチームを立ち上げよう！

明治の監督を務めた最後の年に衝撃的な出会いがあった。

合宿地の視察のため北海道へ出張した際、旭川に住む母方の叔父が空港まで見送りに来てくれた。そのとき目に留まったフレンチの巨匠・三國清三シェフのポスター。

「三國シェフは増毛出身なのか」と私がつぶやくと、叔父は「清三はうちの親戚だよ」と言うのだ。

「まさか！」

「清三が小さい頃よく遊んだよ、義人は知らなかったか？」

叔父によると、私の大叔母が三國家に嫁いでいたらしい。その事実をこんなにも後になって知ることになったのだが、私は子供時代に返ったように胸がときめいた。いつかきっと、親戚として挨拶できる日が来るに違いない。

それから一年も絶たずにその日はやって来た。ある医師との会食に、四谷の『オテル・

ドゥ・ミクニ』をセッティングしていただいたのだ。

この日ばかりは妻子も同伴させ、少々緊張気味に出かけた。初めて訪れる、閑静な住宅街にある一軒家のキュイジーヌ。久しぶりに集うメンバーと至福のディナーを堪能し、デザートと共にいよいよ三國シェフが現れた。

「ようこそ、いらっしゃいませ」

私は立ち上がり、その言葉に覆い被せるように「初めまして、三國シェフ、吉田義人です。実は僕、親戚なんです！」と早口でまくしたてた。

その時のシェフの驚いた顔は今でも鮮明に浮かぶ。

聞けば、三國シェフは帝国ホテル時代、ラグビー部員として活動していたという。一見強面に見えるシェフも、その時ばかりは無邪気な少年のように、ラグビージャージを着た選手時代の写真をすぐさま持ってきて見せてくれた。兄弟は三人いるが、兄だけが存在しなかった私にとって、一流を極めた新たな兄的な親族の存在が誇らしく、私の人生後半に差し掛かる頃、希望の光を射してくれたように思えた。


その日以来、三國シェフは私を弟のように可愛がってくれた。私の方も、男性に甘えることに慣れていなかったが、たちまち三國シェフを慕うようになっていた。

そして、三國シェフは、自身が信頼する紳士たちを多く紹介してくれた。その中に株式会社森ビルの取締役であり、ホテル・グランドハイアットの副社長でもあった小笠原正彦氏がいた。その小笠原氏は、東海大学でラグビー部に所属していたと聞いた。

私はラグビー経験者全てをリスペクトしているが、それ以上に、小笠原氏のホテルマンとしての超一流のホスピタリティーに触れて、男惚れした。

ある会食の席で、私は小笠原氏に、つい夢中で七人制ラグビーチームの構想を話した。

この時期私は、七人制ラグビーチームを持ってみたいと考える企業を探していた。可能性のありそうな企業をリストアップし、そのトップに手紙を書き、面談を申し入れた。一〇社あまりの企業経営者にお会いし、七人制ラグビーの将来、チームを持つ企業のメリット、チーム維持にかかるコスト、チームの理念など、時間が許される限り話をさせてもらった。

どの企業のトップの方も興味を持って熱心に聞いてくれた。しかし、すぐにでもラグビーチームを発足させよう、などという企業は現れなかった。いくら経営者が興味を持っても、七人制ラグビーチームを抱えるというのは大きな投資であり、しかも回収が目に見えにくい投資であることは確かだった。そしてこのとき、二〇二〇年のオリンピックが東京で開催されることは、まだ決まっていなかった。

そんな話を小笠原氏にすると、こういう言葉が返ってきた。

「吉田さん、選手の何人かなら、うちが雇用することはできますよ。チームは無理だけど。

吉田さんが選んだアスリートなら、社員としても有能なはずだ。そこから始めましょうよ」

この一言で、次の方針が決まった。

一つの企業がチームを抱えるのは困難である。しかし、選手を雇ってもらえる企業ならいくつかあるはずだ。まず選手を集め、チームを立ち上げる。その選手たちの事情に応じて、再就職も一緒に考える。オリンピック選手を目指す、という強いモチベーションさえあれば、全員が同じ職場でなくてもかまわない。平日はそれぞれの場所でトレーニングを積み、週末の合同練習でプレーは向上させられるはずだ。


さらに小笠原氏には、グランドハイアットの社長でもあった、株式会社森ビルの森浩生副社長を紹介してもらった。森浩生氏は東京大学のテニス部出身で、競技は違えど熱きアスリート魂の宿っている魅力的な経営者であった。

森氏は三國シェフ、小笠原氏と共に私の志に共感してくれ、応援を誓ってくれた。さらにいうと、現在の森ビルの顧問は、なんと私を伊勢丹に勧誘した、あの頭山秀徳氏だったのだ。経済界とラグビー界の強力な絆をこの時ほど身に染みて感じたことはない。

選手はトライアウトを開催して選抜することにした。ラグビーの経験は問わない。七人制において私が選手の才能として求めるものは、「スピード」と「俊敏性」と「体幹の強さ」だ。これらが備わっていることが、オリンピックを目指すための条件になる。

ゲーム展開が速く、たちまち局面が変わるような七人制では一〇〇メートルの爆発的な走力が必要だ。そして相手と一対一になったときも、当たりの強さ以上に瞬時に対応できる俊敏性と、身体の軸がぶれない体幹がなくてはならない。

ラグビー経験者以外にそういう素質を持ったアスリートは日本にも多くいるはずで、まずはそういう才能を発掘することから始めるつもりだった。私の調査でも、一〇〇メートル走の記録で一〇秒代の選手は、日本に一〇〇〇人もいることがわかっていた。七人制ラグビーに関しては、それからでも十分に間に合うはずだ。ラグビーのことなら、私が徹底的に指導してあげればいい。要は、そういう素質のある選手が本気で七人制ラグビーに打ち込み、オリンピックを目標に描けるかどうかが肝心なのだ。

かつて、黒澤明監督による『七人の侍』という映画があった。そしてこの作品は、フランシス・フォード・コッポラ、ジョージ・ルーカス、スティーヴン・スピルバーグといった名だたる映画人を魅了し、影響を与えたという。侍の魂を持った日本の七人制ラグビー専門集団が、やがて世界を感動させることを夢見ている。チーム名は「サムライセブン」に決めた。

さらにこの年の九月七日、アルゼンチンのブエノスアイレスで行われたＩＯＣ総会で、二〇二〇年の夏季オリンピック・パラリンピック競技大会の開催が東京に決まった。追い風を感じたニュースだった。二〇一六年のリオデジャネイロオリンピックで七人制ラグビーが正式種目になり、さらに二〇二〇年のオリンピックが日本で開催されるのだ。七人制ラグビーの注目度も上がり、そこを目標に七人制ラグビーを始めようとする子供たちも必ず出てくるはずだ。

二〇一三年一二月二二日。東京大学の駒場キャンパス内のラグビー場で、サムライセブンのトライアウトを行った。集まってくれたアスリートは四三名。元プロ野球選手から現役大学生まで、経歴や実績はさまざまだったが、そういったものを判断材料にするつもりはなかった。必要なのは、私の目に見えるポテンシャルと、その後の面談において、どれだけの覚悟を示してくれるかだった。

トライアウトに参加する選手の約半数はラグビーの未経験者だったので、ラグビーのプレーで判断するつもりはなかった。私が選手の身体能力に求めるものは、「スピード」、「アジリティー（敏捷性）」、「コア（体の芯の強さ・体幹）」の三つだ。だから、これらが数値化できるようなテストのメニューを組んだ。

その結果、私が望むだけの身体能力の数値を示した選手は三〇人だった。次に、この三〇人全員と面談をした。一人二時間ずつ、のべ六〇時間。とにかく、どの程度の覚悟があるのかを知りたかった。本気で七人制ラグビーに取り組む意志があるのか、本気でオリンピックを目指そうとしているのか。「吉田義人のチームに入ったからオリンピックに出られる」というような甘い考えは捨ててもらわなければならない。全員がゼロからのスタートで、必死になってオリンピックを目指す者だけに結果がついてくる。その必死の覚悟を見せてほしいと思った。

その後、二月の上旬から三月中旬まで、約一か月半のグランドでのトレーニングを行った。この期間で、世界の舞台に立つためには、どれほどのトレーニングが必要かを知ってもらいたかった。そしてこの合同練習の中で、選手それぞれの人となりを見ておきたかった。私が自分のチームの選手に望むのは、一流のプレーヤーであり、人

サムライセブンの選手たちと。夢はオリンピック！

に愛される選手に成長することだ。

こうして最終的に、二三人の選手が「選ばれしサムライ」になった。選手の各企業への採用も決まり、二〇一四年三月、「サムライセブン」は日本初の七人制専門ラグビーチームとしてのスタートを切った。


二〇一六年春、侍人は小学生になった。

幼稚園の頃から地元のラグビースクールに入れていたが、サッカーや野球など、さまざまなスポーツを経験させたいという子育ての方針は、妻を信じてほとんど任せていた。息子の誕生とほぼ同時に明治の監督を引き受けたため、正直、我が子にラグビーの手ほどきをするほどの時間もなかった。

イギリスのパブリックスクールにおいて、教育の科目として取り入れられてきたラグビーは、子供たちの心身の成長に最適なスポーツだと、自信を持って言える。

ラグビーはボールを持った者が先頭に立って相手と闘う、勇気が試されるスポーツだ。チームの一人ひとりにポジションが与えられ、誰もが適材適所でチームに貢献することができ、それが誇りになる。そして、助け合い、認め合うことで仲間と一致団結して共に成長していく。さらには私が大学院の論文で示したように、成長期の子供にとって、さまざまな動作が求められるラグビーは、運動神経系の発達を促し、後にほかの競技に専念するようになっても、その効果は大きい。

サムライセブンを立ち上げて本格的な活動が始まり、ワールドカップ日本開催までおよそ一〇〇〇日となったタイミングで、私は子育ての原点に戻ることになった。時間的に、多少の余裕を持てるようになったのだ。そこで気づいたのは、一人でも多くの日本の子供たちにラグビーボールを触って親しんでもらうことこそ、将来のラグビー界、スポーツ界への貢献につながるのではないか、ということだ。そう考えたとき、USコロミエのグランドに、よちよち歩きの子供がラグビーボールを抱えて入ってくる光景が思い出された。

音大出身で元は音楽教師であった妻とコラボレーションすることを思いつき、議論を重ね、さまざまな角度からのアプローチを検討した。そこで参考にしたのが、スイスで生まれた「リトミック」だった。リトミックは律動法とも呼ばれ、リズム表現による音楽教育の手法をいう。これにラグビーボールを加えることによって、音感とリズム感を身につけながら、予測のつかないはずみ方をするラグビーボールを追うことで、脳への刺激も増大させることができる。こうして試行錯誤のうえ、『〇歳からのラグビーリトミック』を開発した。

このラグビーリトミックは六歳までの幼児が対象だが、小学生以上の子供には、私が直接指導するラグビースクールを用意できる。さらに中学生以上には、ラグビークリニックも可能だ。一人でも多くの子供にラグビーボールに触れてもらい、ラグビーに親しんでもらいたいとの想いから、いくつかのアプローチを考えた。ただ、これらを広く普及させていくには、私にはない知恵が必要だった。

一〇年来の付き合いで、最も信頼している友人の、株式会社タカラクリエイトの上村康浩社長と元ソフトバンク常務取締役の喜多埜裕明氏に相談した。彼らも私の試みに賛同してくれ、社団法人の創設を提案してくれた。利益追求ではなく、あくまでも普及が目的なのだから。

こうした経緯で、二〇一六年、一般社団法人日本スポーツ教育アカデミーを立ち上げ、私は理事長に就いた。もちろん理事には上村、喜多埜の両氏になってもらった。

未来を担う子供たちと、ラグビーキャンプで。

スポーツは人を育てる、とよくいわれる。どんな競技においても、成績さえ優秀であればいいというものではない。己を律し、弱い自分に打ち勝ち、相手を敬うことを学び、その上で最高のパフォーマンスを発揮することが人々の感動を呼ぶ。さらに団体競技では、リーダーという存在が生まれ、それをサポートする存在が生まれる。チームでの活動は小さな社会ではあるが、子供の頃からスポーツに親しむことで、世の中で人のために生きていくべき大切な事を知るようになる。

ある選手が現役生活を終えるとき、それは新たな人生の始まりにもなる。指導者になる人もいれば、さまざまな職種で選手のサポートに回る人もいる。一方で、スポーツとはまったくかけ離れた世界で生きていく人もいる。そして、どんな環境の人生であっても、スポーツにすべてをかけて打ち込んだ経験が大きな財産になるはずであり、その財産があるからこそ未知の世界でも自分に自信を持ち、前進することができる。

私は、ラグビーだけでなくスポーツがもたらす力を信じている。ひた向きにプレーする選手たちの姿は人々の心を動かし、観る人に勇気を与える。そしてスポーツは国境も人種も宗教も超越する力を持っている。選手たちが世界を舞台に育っていく中で、私が役に立てるのならほんとうに幸せなことだ。

ラグビーが私を育ててくれた。明治大学の北島忠治監督をはじめとする多くの指導者、先輩、後輩、そして仲間に恵まれていまの私がある。どんなに感謝してもしきれないほどだ。そして、そういう人たちとともに歩んだラグビー人生こそが、私の〝矜持〟である。自分を甘やかさず、大志を抱き、一つのことを熱を持ってやり抜く覚悟があれば、結果は自然とついてくると、ラグビーは教えてくれた。

「本物であること」、「本流を歩むこと」、「本筋を貫くこと」。これが私の座右の銘である。

北島忠治監督の葬儀で棺を担がせてもらったとき、やがてはラグビーの指導者になりたいと思った。できるものなら、北島監督のような指導者になりたいと思った。そして北島監督から教わったことを思い返したとき、これらの言葉が頭に浮かんできた。「本物であること」、「本流を歩むこと」、「本筋を貫くこと」。北島監督はまさにそうであったから。

おわりに

勝敗のみでは語り尽くせない価値。それはまさに、ラグビーの魅力にほかなりません。そのラグビーが教えてくれたものは、挙げればきりがありません。

その中で言葉に表現するのならば、「勇気」、「信頼」、「感謝」、そして「矜持」です。

壁のように立ちはだかる相手にぶつかり、相手を恐れずタックルに飛び込んでいく果敢な勇気。結束し、仲間と共に困難に立ち向かっていくことで育まれる、絆と信頼。たくさんの人々からの心からの支えで今を歩み続けられる感謝の気持ち。

つねに私を奮い立たせたのは、「ラグビーの矜持」であり、「日本男子の矜持」でした。指導者として今後の歩んでいく人生においても、「矜持」を持ち続けていくことが使命だと思っています。

二〇一九年には、アジアで初めてのラグビーワールドカップが日本で開催されます。そして翌年の二〇二〇年には、東京でオリンピック・パラリンピックが開催されます。世界のビックイベントが日本にやってくるのです。

子供たちにも、読者の皆様にとっても、世界中の人たちと触れ合える、素晴らしい機会が訪れます。ラグビーを、そしてスポーツを通じて、子供たちに世界へ挑戦していってほしい。大きく羽ばたいてほしい。そう思っています。

私を産み育ててくれた母、愛情表現が下手な父、苦楽を共にしてきた姉、弟、妹、ラグビーの恩師、人生の先輩たち、同志の仲間たち、いつも心から応援してくださった皆様、そして、愛する妻と息子。

私のラグビー半生を書き終えた今、あらためて、たくさんの人々に出会い励まされ、応援されて一歩一歩人生を歩むことができたことに気づかされ、感謝の気持ちでいっぱいです。なぜか涙が溢れてきてしまいます。この場を借りて皆様にお伝えします。

「ありがとうございます」

二〇一七年一〇月　　吉田義人

矜持《きょうじ》　すべてはラグビーのために

2017年10月31日　第1刷発行

著者　吉田義人《よしだよしひと》
発行人　遅塚久美子
発行所　株式会社ホーム社
〒101-0051 東京都千代田区神田神保町3-29 共同ビル
電話[編集部]03-5211-2966
発売元　株式会社集英社
〒101-8050 東京都千代田区一ツ橋2-5-10
電話[販売部]03-3230-6393（書店専用）
[読者係]03-3230-6080
印刷所　凸版印刷株式会社
製本所　株式会社ブックアート

ブックデザイン　伊藤大悟 (Donavon Ranch Design)

写真　株式会社ベースボール・マガジン社
読売新聞/アフロ
報知新聞/アフロ
Colorsport/アフロ
福田喜一

ISBN 978-4-8342- 5310-8　C0075